Alle lieben

Heidelbeeren

Kochen und Backen

Rezepte von Kochprofis und Heidelbeerfans

Ulrike Krogmann und Elke Gäth

Inhalt

Impressum

Verlag SCHNELL
Warendorfer Lieblingsbücher

Alle lieben Heidelbeeren
Kochen und Backen
Autoren: Ulrike Krogmann und Elke Gäth
Rezeptredaktion: Marianne Zunner
Unterstützung und Realisierung:
Nordgemüse Hamburg Krogmann KG
Nachweis:
Bioaktive Substanzen in Lebensmitteln,
Hippokrates Verlag, GU-Nährwerttabelle,
GU Verlag

© Verlag SCHNELL Peter Salmann
Oststraße 24, 48231 Warendorf
E-Mail: schnell-verlag@t-online.de
www.verlag-schnell.de

Warendorf 2010
ISBN 978-3-87716-699-4

Alle lieben Heidelbeeren

Fruchtig, frisch und lecker

Heidelbeeren, Blaubeeren, Schwarzbeeren oder Bickbeeren - viele Namen.... für diese kleine blaue Frucht. Sie erinnert uns an Sommer und Wald, vielleicht auch an Kindheit und leckere Pfannkuchen. Vor allem aber an mühsame Ernte und blaue Lippen. Und immer wieder wird die Waldheidelbeere, die wild in Wäldern wächst, mit der Kulturheidelbeere, die auf Plantagen kultiviert wird, verwechselt. Kulturheidelbeeren sind größer, haben helles Fruchtfleisch und eine feste Schale, färben aber die Lippen nicht blau.

Mit diesem Kochbuch möchten wir Sie ganz bewusst auf die Kulturheidelbeere aufmerksam machen. Denn bereits seit über 50 Jahren findet man Kulturheidelbeeren auf Märkten, im Einzelhandel und in Hofläden.

Kulturheidelbeeren schmecken lecker, frisch und fruchtig, sind durch ihre feste Schale sehr transportstabil und lassen sich gut aufbewahren. Heidelbeeren sind völlig unkompliziert zu verwenden. Man braucht sie nicht zu schälen und nicht zu entkernen. Sie sind die Fast-Food-Früchte für den modernen Anspruch. Bisher werden sie meistens pur genossen, landen direkt von der Hand in den Mund und eher selten in den Kochtopf oder Backofen. Dabei eignen sie sich ausgezeichnet zum Backen und Kochen. Die Möglichkeiten der Zubereitung können dabei so kreativ und köstlich sein, dass es Sie überraschen wird, wie vielseitig diese kleinen blauen Früchte sein können.

Ausgerüstet mit Fotoapparaten und einer großen Portion Neugierde sind wir durch Norddeutschland gereist, um köstliche Rezepte und Informationen rund um die Kulturheidelbeere zu sammeln. Wo kommt sie her, die blaue Beere, was steckt alles in ihr? Kann ich mit Kulturheidelbeeren überhaupt kochen und backen? Unsere Suche war erfolgreich, denn wir haben viel Gutes gefunden: Wissenswertes rund um die Heidelbeere, unzählige Fotos, Eindrücke aus der Anbauregion und wunderbare Menschen - aber vor allem »gutes Essen«! Alle Rezepte in diesem Buch sind erprobt von Kennern und Könnern, sind kreativ und genüsslich, von einfach bis anspruchsvoll und immer mit Kulturheidelbeeren.

Heidelbeerzeit ist Sommerzeit. Mittlerweile können Sie aber diese gesunde Frucht rund ums Jahr frisch genießen. Eine Frucht, so vielfältig in ihrer Verwendung, dass Sie selbst erstaunt sein werden, diese Power-Beere nicht schon lange zu Ihrem Lieblingsobst erklärt zu haben.

Begleiten Sie uns also auf unserer Reise durch die Küchen von Freunden und Genießern, Kochkünstlern und Kochprofis. Unsere Bildergeschichten mögen Sie zum Schmunzeln bringen, Erinnerungen wecken und ganz gewiss zum Nachkochen anregen.

Ulrike Krogmann und Elke Gäth

GLORIA IN EX CEL SIS DEO
WITTWER GEORG LUDEWIEG DUENSING VON DER HUBE.
HEINRICH FRIEDRICH LUDEWIEG GLEUE ANNE MARIE MAGDALENE DUENSING.
ANNO 1837

Weg der Heidelbeere aus Amerika nach Europa

Kulturheidelbeeren haben ihren Ursprung in Nordamerika und sind durch Züchtungen aus heimischen Pflanzen in den USA und Kanada hervorgegangen. Pionierarbeit leistete die amerikanische Pflanzenzüchterin Elizabeth Coleman White (1871 - 1954). Sie begann um die Jahrhundertwende 1899/1900 mit der Auslese zur Kultivierung geeigneter Pflanzen. 1911 kam es zu einer Zusammenarbeit mit dem Botaniker Frederick Coville, und schon 1916 war eine ertragreiche großbeerige Sorte gezüchtet. Die Vermarktung konnte beginnen.

Seit etwa 80 Jahren sind Kulturheidelbeeren auch in Deutschland heimisch. 1930 begann man mit der Züchtung. Federführend war der Botaniker Wilhelm Heermann. Erste große Kulturheidelbeerfelder wurden 1950 in der Lüneburger Heide angelegt, die heute noch Zentrum und Hauptanbaugebiet ist. Kulturheidelbeeren werden auch in Brandenburg, im Oldenburger Raum, in Süddeutschland und Mittelbaden angebaut.

Region

Wo die Natur Zuhause ist wachsen Kulturheidelbeeren in weitläufigen Wald- und Moorgebieten. Die klassische Anbauregion ist die Lüneburger Heide in Niedersachsen. Hier genügen den Pflanzen die natürlichen Bedingungen, die das Klima und der Boden bieten. Heute ist Niedersachsen mit ca. 1.000 Hektar das größte Anbaugebiet für Kulturheidelbeeren in Deutschland. Die Ernte der Früchte erstreckt sich über mehrere Wochen von Ende Juni bis September. Die lange Ernteperiode, von fast 3 Monaten, ergibt sich aus der Sortenvielfalt, von frühen über mittlere bis zu spät reifenden Beerensorten.

Heidelbeeren das ganze Jahr

Kulturheidelbeeren werden fast das ganze Jahr über im Obstsortiment angeboten. Ab Mai erreichen sie den Markt aus europäischen Nachbarländern. Von Juli bis September decken heimische Früchte die Nachfrage. Südamerikanische und neuseeländische Beeren folgen dann von Oktober bis März. Je nach Sorte entwickeln Heidelbeeren Farben von Purpur-Blau bis hin zu Blau-Schwarz. Die Beeren können kirschgroß werden.

Kulturheidelbeeren

auf ihrem Weg von der Ernte auf den Tisch ...

Erntehelfer beginnen bereits in den frühen Morgenstunden die reifen Beeren zu ernten. Die Pflücke erfolgt ausschließlich per Hand. Nur reife Beeren finden den Weg in den Pflückkorb.

Ein Pflücker erntet etwa 4-8 kg pro Stunde. Ein mehrmaliges Durchpflücken der Plantagen ist notwendig, da die Beeren zu unterschiedlichen Zeiten reifen.

Natürlich und ganz frisch wird die Pflückware mit modernen Maschinen sortiert und verpackt.

Über Nacht werden die pflückfrischen Beeren direkt an Großmärkte und Einzelhändler geliefert, sie werden auf Wochenmärkten und in Hofläden angeboten. Viele Erzeugerbetriebe bieten auch Selbstpflücke an.

Unabhängige Institute für Lebensmittel- und Laboranalytik untersuchen die Beeren bereits vor Erntebeginn und weiterhin regelmäßig während der gesamten Erntezeit.

Die Einhaltung gesetzlicher Grenzwerte und Spezifikationen wird durch den Einsatz der Laboranalytik kontrolliert.

Modernste Technologien und Untersuchungsmethoden liefern Analyseergebnisse über Rückstände, von bis zu 500 Einzelstoffen, innerhalb 24 Stunden.

Was in Kulturheidelbeeren alles drin steckt

Kulturheidelbeeren enthalten eine große Anzahl an Sekundären Pflanzenstoffen. Diese sind in optimaler Dosierung in Obst und Gemüse enthalten und haben eine große bioaktive Wirkung in unserem Organismus.

Flavonoide

Die Flavonoide sind eine Gruppe der Sekundären Pflanzenstoffe der Heidelbeere. Diese bewirken zum einen die blaue Farbe der Beere und befinden sich ausschließlich in der Fruchtschale. Da die Heidelbeere immer mit Schale verzehrt wird, werden alle Sekundären Pflanzenstoffe, Vitamine und Mineralstoffe aufgenommen und können so zu ihrer bioaktiven Wirkung im Körper gelangen. Des weiteren tragen die Flavonoide der Heidelbeere zur Senkung des Blutcholesterinspiegels bei, wirken stärkend auf die körpereigenen Abwehrkräfte und hemmen Entzündungsmechanismen, sowie Prozesse der Krebsentstehung im Körper. Außerdem schützen sie, wie auch das Vitamin C der Heidelbeere, den Organismus vor freien Radikalen.

Tipp:

Werden Kulturheidelbeeren in ausreichender Menge oder andere Obstsorten und Gemüse verzehrt, benötigt der Körper keine weiteren Sekundären Pflanzenstoffe mehr. Daher sind Nahrungsergänzungsmittel überflüssig.

Polyphenole

Weiter enthält die Heidelbeere Polyphenole, dazu gehört die Gerbsäure. Diese hat eine antibakterielle Wirkung im unteren Darmabschnitt und beugt somit Durchfallerkrankungen vor. Gerbsäuren binden die schädlichen Bakterien wie auch giftige Zersetzungsprodukte und machen diese unschädlich. Die Polyphenole besitzen eine vorbeugende Wirkung gegen Herz- Kreislauferkrankungen, Entzündungen und Infektionen.

Ballaststoffe

Ein weiterer Sekundärer Pflanzenstoff sind die Ballaststoffe. Diese sollten täglich dem Organismus zugeführt werden, sie sind unverdaulich und liefern dem Körper keine Energie (Kcal). Daher ist die Heidelbeere hervorragend geeignet für eine energiearme Kost. Eine Portion von 125g Heidelbeeren enthält 46 kcal. Weitere Vorteile der Ballaststoffe: Sie haben eine längere Verweildauer im Darm, daher wird die Darmbewegung angeregt und die Darmdurchblutung gefördert. Dies beugt Verstopfung vor. Gleichzeitig haben die Ballaststoffe eine sättigende Wirkung, sie wirken blutzuckerspiegelsenkend und regulierend auf die Insulinproduktion.

Vitamin C

Kulturheidelbeeren liefern uns Vitamin C, das unser Immunsystem unterstützt. Weiter ist das Vitamin C wichtig für den Zellschutz, ist am Aufbau des Bindegewebes beteiligt und sorgt für Elastizität und Stabilität der Blutgefäße. Zum Vergleich: 100 g Kulturheidelbeeren liefern uns 13 mg Vitamin C, soviel wie 100 g Apfel. Der durchschnittliche Tagesbedarf für einen Erwachsenen liegt bei 100 mg (Empfehlung der Deutschen Gesellschaft für Ernährung).

Mineralstoffe

An Mineralstoffen bietet uns die Heidelbeere Spurenelemente, Kalium und Eisen. Das Eisen ist wichtiger Bestandteil des Blutes und maßgeblich an der Blutbildung beteiligt. Eine blutdrucksenkende Wirkung hat das Kalium. Kalium reguliert mit Natrium den Wasserhaushalt des Körpers.

Auf die Gesundheit achtend sollten wir zur Heidelbeersaison täglich Heidelbeeren essen und außerhalb der Saison Heidelbeersaft oder tiefgefrorene Heidelbeeren zu uns nehmen. Heidelbeeren schmecken köstlich frisch verzehrt, bieten aber auch vielfältige Möglichkeiten der Zubereitung, zum Beispiel in Form von Süßspeisen, Herzhaftem, Marmeladen. Damit führen wir unserem Körper all diese wichtigen Inhaltsstoffe zu.

Informationen zu den Rezepten

Wir haben alle Rezepte nachgekocht und für köstlich befunden. Damit auch Sie erfolgreich sind, hier noch ein paar Informationen:

Sofern nicht anders angegeben, beziehen sich die Rezepte auf 4 Personen.

Sofern nicht anders angegeben, wird im Backofen bei Ober-und Unterhitze gegart.

Maßeinheiten, Abkürzungen und Bemerkungen:

EL = leicht gehäufter Esslöffel
TL = gestrichener Teelöffel
g = Gramm
kg = Kilogramm
ml = Milliliter
l = Liter

Eier = Die Angaben beziehen sich auf Eier Größe M.

Mehl = Weizenmehl (Type 405), sofern nicht anders angegeben.

Kräuter = Verwenden Sie frische Kräuter. Sollten diese nicht erhältlich sein, können Sie sie durch die halbe Menge getrockneter Kräuter ersetzen.

Alkohol = Einzelne Gerichte enthalten Alkohol. Kinder und alkoholempfindliche Personen sollten auf den Verzehr dieser Gerichte verzichten oder den Alkohol durch Saft ersetzen.

Heidelbeeren lagern
Frisch geerntete Heidelbeeren halten sich 10-14 Tage im Gemüsefach des Kühlschranks. Erst unmittelbar vor dem Verzehr oder der Zubereitung waschen.

Heidelbeeren haltbar machen
Tiefgekühlte Heidelbeeren garantieren ganzjährigen Genuss. Dafür zur Saison reife Beeren waschen, gut abtropfen lassen und verlesen. Locker in Gefrierbeutel verpacken und flach nebeneinander liegend einfrieren. Oder die Heidelbeeren einfach zu Marmelade oder Chutney verarbeiten.

Professionals kochen und backen mit Heidelbeeren

Konditoren - Lebensmitteltechniker - Chokolatiers - Köche - Köchinnen - Heidelbeerexperten und Heidelbeeranbauerinnen

Wer kann einem hochfeinen Stück Konditor-Torte widerstehen und wer kennt nicht das einmalige Geschmackserlebnis, ein Stück köstlicher Schokolade auf der Zunge zergehen zu lassen?! »Professionals« haben ihre Spezialitäten für uns zubereitet und diese mit Profi-Tipps für gutes Gelingen garniert.

Marianne, Foodjournalistin
Wie schreibt man Radicchio? Wie viele Zentimeter im Durchmesser hat eine gängige Kuchenform? Wann ist der Teig eine Masse? Bei diesen Fragen lassen sich sogar Starköche gerne von Marianne helfen. Sie ist gefragt bei Rezepten neuer, raffinierter Gerichte, die einfach und zügig zu Hause zubereitet werden können.
Schweinefilet mit Heidelbeer-Vinaigrette S. 16

Hermann, Gastronom
Stammt aus der Steiermark. Er führt seit 20 Jahren ein Restaurant in Hamburg. Hier wird gute österreichische Küche serviert. Als ihn 1989 das Heimweh packt fuhr er 1300 km mit einem Traktor in seine Heimat. Das brachte ihm einen Eintrag ins Guinnessbuch der Rekorde.
Kartoffelknödel mit Heidelbeerfüllung S. 30

Ewald, Produktentwickler
Leiter einer Versuchsküche in der Lebensmittelindustrie. Wohnt im Herzen der Lüneburger Heide und experimentiert seit jeher mit Heidelbeeren, denn er hat seit 30 Jahren Heidelbeersträucher im Garten.
Heidelbeer-Mohn-Strudel S. 76

Wilhelm , Lebensmitteltechniker und Kaufmann
Baut seit den achtziger Jahren in Südfrankreich Heidelbeeren an und vermarktet die »dicken Blauen« in ganz Europa. Deshalb zählt er zu den echten Heidelbeerexperten.
Halbgefrorene Heidelbeer-Ingwer-Sauce mit Vanilleeis S. 44

Sigita, Köchin, Heidelbeeranbauerin
Ihre Arbeit als Köchin in der Gastronomie und die Arbeit auf der Heidelbeerplantage motivieren Sigita immer wieder dazu Neues in der Küche auszuprobieren.
Litauische Heidelbeer-Maultaschen S. 26

Sonja , Unternehmerin
Gemeinsam mit ihrem Ehemann führt sie erfolgreich den traditionsreichen Züchtungs- und Vermehrungsbetrieb von Heidelbeersträuchern und Cranberries. Weltweit werden ihre Heidelbeerpflanzen für den kommerziellen Beerenanbau gehandelt.
Heidelbeer-Auflauf S. 32

Adolf, Konditor und Chokolatier
In Hamburg ist er die Nummer eins für Kuchen, Torten, Gebäck und Schokoladenspezialitäten. Sein guter Ruf macht ihn über die Landesgrenzen hinaus bekannt. Ein wirklicher Profi des guten Geschmacks.
Heidelbeertorte S. 66

Sylke, Unternehmerin
Die Bio-Heidelbeerplantage leitet Sylke ebenso souverän wie Hofcafé und Hofladen. Jedes Jahr treffen sich hier Cafégäste, Ausflügler und Selbstpflücker. Alle genießen dort traditionelle Köstlichkeiten aus frischen Beerenfrüchten.
Blauer Traum S. 42

Marita, Plantagenbesitzerin
Zusammen mit ihrem Mann leitete Marita über Jahrzehnte die Heidelbeerplantage, koordinierte den Einsatz der Erntehelfer und vermietet immer noch ein liebevoll restauriertes Sommerhaus aus dem 17. Jhd. an Urlaubsgäste.
Heidelbeer-Käse-Salat S. 20

Ida, Schülerin

Ist auf einem Heidelbeerhof groß geworden und kennt die Rezepte von Mutter und Großmutter. Spielt Saxophon im Schulorchester und hilft oft im Hofcafé.
Heidelbeer-Streuselkuchen S. 70

Dieter, Hotel-Küchenchef

Natur pur, traditionelle Gerichte aus der Region und anspruchsvoller Genuss. Eine Herausforderung, der sich Küchenchef Dieter Knoop bereits seit 36 Jahren täglich stellt und die er meisterhaft umsetzt. Dabei legt er stets großen Wert auf die Verwendung von Produkten aus heimischem Anbau.
Rehrückenfilet mit Blaubeersabayon S. 40

Sabine, Lebensmitteltechnikerin, Fachrichtung Konfekt

Hat in Kappeln an der Schlei einen Schokoladenladen mit eigener Manufaktur eröffnet. Seither haben die Touristen in Kappeln nicht nur Schleiheringe und Räucheraal in ihren Einkaufstaschen, sondern auch köstliche Schokoladenheringe.
Heidelbeerschokolade S. 92

Doris, Hauswirtschaftsmeisterin

Eine große Landwirtschaft, ein gut sortierter Hofladen, in dem auch selbstgemachte Marmeladen angeboten werden, und eine große Familie gehören zu ihren vielfältigen Aufgaben.
Weiße Schokomousse mit Heidelbeersauce S. 48

Rebecca I., Heidelbeerkönigin

Adel verpflichtet. Die Heidelbeerkönigin backt auf der Theaterbühne und in der Backstube Torten für königliche Genüsse.
Königinnentorte mit Mohn-Heidelbeer- Füllung S. 64

Susanne, Diplom Volkswirtin

Sie hat das elterliche Fachgeschäft für Obst und Gemüse übernommen und führt es zusammen mit ihrem Partner Michael. Auf dem Hamburger Großmarkt kennt sie fast jeder, denn Susanne ist eine der ganz wenigen Frauen, die sich dort behaupten. Weil ihr Nachname Jegotka auf Polnisch »Blaubeerchen« bedeutet, verwendet sie Heidelbeeren als Logo. Vegetarisches Curry S. 34

Heide, Plantagenbesitzerin

Bewirtschaftet seit Jahrzehnten mit ihrem Mann eine stolze Hofanlage im Herzen der Heideregion. Bis auf ihren Dackel »Biene« gibt es aber heute keine Tierwirtschaft mehr auf dem Hof.
Eierlikör-Heidelbeer-Torte S. 68

Ilse, Hauswirtschaftsmeisterin

Hat sich ihren Traum verwirklicht und ein Restaurant eröffnet. Betreibt ein Floristik-Geschäft, organisiert Adventsmärkte und bildet junge Hauswirtschafterinnen aus. Frauen-Power!
Hähnchen-Heidelbeer-Gratin S. 36

Lisa, Ernährungspädagogin

Befasst sich seit ihrem Studium mit gesunder Ernährung in Theorie und Praxis. Sie ist Referentin für gesunde Ernährung in der Erwachsenenbildung und kocht täglich selbst. Heidelbeeren zählen zu ihrem Lieblingsobst.
Heidelbeermarmelade S. 88

Heidelbeer-Fans kochen und backen mit Heidelbeeren

Frauen - Männer - Kinder - Jugendliche

Heidelbeeren nur aus dem Schälchen essen? Schmeckt super, doch die nachfolgenden Rezepte machen Mut, auch in der eigenen Küche kreativ zu sein und Traditionelles sowie Neues und Ungewöhnliches einmal auszuprobieren. Denn für alle gilt: Es ist eine kleine, alltägliche Liebeserklärung, wenn etwas frisch zubereitet aus der Küche auf den Tisch kommt.

Kindergartenkinder
Backe, backe Kuchen, der Bäcker hat gerufen… Unsere Kindergartenkinder hatten riesigen Spaß beim Anrühren und Backen.
Crêpes mit Heidelbeerfüllung S. 28

Christine, Sozialpädagogin
Genießt gutes Essen, hat aber aufgrund ihrer Berufstätigkeit wenig Zeit zu kochen. Ihre Rezepte müssen gut und schnell sein.
Geschmolzene Heidelbeeren mit Karamell S. 56

Ingrid, Rentnerin
Ingrid liebt Kochen. Gern verwöhnt sie Familie und Freunde mit leckeren Speisen und ist dabei immer auf der Suche nach neuen Anregungen.
Essig und Likör aus Heidelbeeren S. 90

Olivia, Schülerin
Spielt die 1. Geige und hat einen Sinn für alles, was das Leben schön macht.
Vanille-Heidelbeer-Waffeln S. 74

Lovis, Kindergartenkind in der Spatzengruppe
Hier mit seiner Schwester Paula und seiner Mutter abgebildet. Lovis ist Experte für genussvolles Essen mit und ohne Besteck.
Mango-Carpaccio S. 50

Felix, Dipl. Ing. für Verfahrenstechnik für Papier und Verpackung
Kennt und liebt Heidelbeeren seit einem Auslandspraktikum in Finnland. Dort gab es zur Mittsommernacht die köstlichsten Heidelbeergerichte.
Zwiebelkuchen mit Speck und Heidelbeeren S. 86

Mikiko, Studium der alten Japanischen Kultur
Kennt die europäische Küche gut, zieht aber die leichten Gerichte ihrer Heimat den komplexen Speisen Europas vor.
Sushi mit Heidelbeeren S. 24

Annika und Torben, Schülerin und Kindergartenkind
Beobachten gern, was in der Küche passiert, und im richtigen Moment schlagen sie zu, um Leckeres zu ergattern.
Heidelbeerquark S. 58

Karin, Krankenpflegerin
Ein Sommerhaus in der Nähe Stockholms verbindet sie mit der schwedischen Heimat. Heidelbeeren sind wie Erinnerungen an schwedische Sommer. Darum hat sie immer einen Beerenvorrat im Gefrierfach.
Schwedische Blaubeersuppe S. 60

Claudia, Hebamme
Kocht und backt in super Qualität, viele ihrer Rezepte werden echte Klassiker.
Biscuitrolle mit Heidelbeeren S. 78

Gabriele, Übersetzerin
Unkomplizierte, frische, naturbelassene Lebensmittel haben Priorität. Heidelbeeren passen gut in die leichte Sommerküche.
Heidelbeer-Risotto S. 22

Ulrike, Autorin dieses Buches
Theaterpädagogin, mag Küche am liebsten kreativ und deckt gern den Tisch zu Hause, damit die Inszenierung der Gerichte stimmt.
Hirschsteak mit Heidelbeerkruste S. 58

Sophie, Lisa, Clara, Katia und Miriam
Gehen zusammen in die Schule, stehen auf Musik und Chucks und können unheimlich gut miteinander reden. Wenn sie ihre lustigen Partys feiern, schmecken ihnen immer fruchtige Häppchen zwischendurch.
Heidelbeer-Törtchen mit Zitronencreme S. 84

Dorothee, Dipl. Kauffrau und Product Managerin
Vorstandsmitglied des American Women´s Club of Hamburg. Switcht auch in der Küche zwischen verschiedenen Nationalitäten hin und her und sorgt so für eine belebende Mischung.
Blueberry Pie S. 80

Catharina, Schülerin
Kocht und backt gern und richtig gut! Ihre Spezialität sind Überraschungsmenüs als Geschenk an die Familie.
Freche Früchtchen S. 52

Valentina, Abiturientin
Ist auf Feten bekannt für ihre sensationellen Desserts.
Heidelbeer-Muffins S. 72

Maike, Kauffrau und Projektmanagerin
Ist mit Heidelbeeren aufgewachsen und liebt die frische, gesunde Küche. Obwohl sie die Frucht so lange kennt, fällt ihr immer noch etwas Überraschendes ein.
Heidelbeercrumble S. 54

Elke, Autorin dieses Buches
Als Schifffahrtskauffrau hanseatisch, kompetent und kreativ. Kennt sich mit großen und kleinen Pötten bestens aus und stellt sich gern neuen Herausforderungen.
Radicchio-Heidelbeer-Salat S. 18

Destegül, Krankenschwester
In der türkischen Heimat wird viel mit frischen und getrockneten Früchten zubereitet. Wenn Saison ist, kommen auch frische Heidelbeeren auf den Tisch.
Asure Türkische Fastenspeise S. 62

Larissa, Schülerin und Pferdenärrin
Kocht und backt oft. Am liebsten erfindet sie aber »Milchshakes« für die ganze Familie.
Heidelbeer-Milchshake S. 46

Berit + Oliver, Vertriebs- und Marketingassistentin, Dipl. Ing. der Versorgungstechnik
Nicht zuletzt die gemeinsame Leidenschaft am Kochen hat sie zusammengebracht. Und am meisten freuen sie sich, wenn liebe Gäste alles mit gutem Appetit verzehren.
Käsekuchen mit Heidelbeeren S. 82

Profi Marianne, Foodjournalistin

In ihrem Alltag geht es um gute Zutaten, traditionelle Gerichte, moderne Kreationen, prominente Köche und Köchinnen und um verständliche Formulierungen. Immer wieder sorgt sie mit ihren praktischen Kniffen und Tipps dafür, dass aus neuen Rezepten auch wirklich gutes Essen wird. Ihre jahrelange Erfahrung kommt auch dieser Vorspeise zu Gute. Hier werden wenige aromatische Zutaten stimmig kombiniert. Das Fleisch wird nicht in der Pfanne gebraten, sondern in Folie gewickelt und sanft gegart. Auf diese Weise schafft es jeder, dieses raffinierte Gericht nachzukochen.

Mariannes Tipp: Trauen Sie sich an Gewürze und frische Kräuter. Sammeln Sie Ihre Erfahrung im Abschmecken.

Unser Tipp: Die Vinaigrette lässt sich vorbereiten. Die Heidelbeersauce erst kurz vor dem Servieren pürieren, sie verändert sonst ihre Konsistenz.

Schweinefilet *mit Heidelbeer-Vinaigrette*

Zubereitungszeit: 30 Minuten

Zutaten:

1 Bund Basilikum
1 Schweinefilet (300-350 g)
Salz, Pfeffer
1-2 TL Dijonsenf
125 g Heidelbeeren, 10 g Ingwer
1 kleine rote Chilischote
1 Bio-Limette
3 EL flüssiger Honig
4 EL Olivenöl, Fleur de sel

Zubereitung:

Basilikum waschen, trockenschütteln und die Blätter abzupfen. Schweinefilet von Fett und Sehnen befreien, waschen und mit Küchenpapier gut trockentupfen. Rundherum mit Salz und Pfeffer würzen und dünn mit Senf bestreichen.

Einen Bogen Klarsichtfolie auf die Arbeitsfläche legen. Eine Reihe Basilikumblätter in der Länge des Schweinefilets dicht an dicht nebeneinander drauflegen. Filet auf das Basilikum legen, mit einer Reihe Basilikumblätter belegen. Fest in die Folie einrollen, die Enden zusammendrehen und einschlagen. Anschließend fest in einen Bogen Alufolie wickeln,

Enden zusammendrehen und nach oben einschlagen. Filet in einen breiten Topf mit kochendem Wasser geben und bei kleiner Hitze etwa 20 Minuten garziehen lassen. Dabei eventuell einen Teller auf das Filet legen, damit es komplett im Wasser liegt.

Inzwischen den Ingwer schälen und fein würfeln. Chilischote waschen, putzen, längs halbieren, entkernen und fein schneiden. Limette waschen, trockenreiben und etwa die Hälfte der Schale fein abreiben. Limette halbieren und auspressen. 2 EL Limettensaft, Limettenschale, Ingwer, Chili und 2 EL Honig verrühren. Vinaigrette salzen und das Öl unterrühren.

Heidelbeeren waschen, abtropfen lassen und verlesen. Etwa ein Drittel der Heidelbeeren in ein hohes Gefäß geben, restlichen Limettensaft und Honig zugeben und mit dem Stabmixer fein pürieren. Restliche Heidelbeeren zum Teil halbieren, ganze und halbierte Beeren mit der Vinaigrette verrühren.

Filet aus dem Wasser nehmen, etwa 5 Minuten ruhen lassen. Auswickeln, abtropfen lassen und schräg in dünne Scheiben schneiden. Filetscheiben auf Tellern anrichten, die Vinaigrette darauf verteilen und das Heidelbeerpüree darüberträufeln. Mit einigen Basilikumblättern garnieren. Dazu passt frisches Baguette.

Radicchio-Heidelbeer-Salat

Fan Elke, Schifffahrtskauffrau und Autorin dieses Buches

Elke isst diesen Salat am liebsten frisch zubereitet. Er bringt zu jeder Jahreszeit, auch hier im kühlen Norden, die Erinnerung an den Italienurlaub wieder. Die herben Salate passen perfekt zur fruchtigen Süße der Heidelbeeren.

Elkes Tipp: Beim Salat bitte nicht am Öl sparen. Gutes Olivenöl ist immer kaltgepresst aus erster Pressung und hat seinen Preis. Man sollte nicht zu wenig in den Salat geben, denn Öl ist der Geschmacksträger und somit der Teppich auf dem sich die anderen Zutaten entfalten.

Zubereitungszeit: 15 Minuten

Zutaten:

1 Radicchiosalat (ca. 200 g)
1 Bund Rucola (ca. 50 g)
1 Zwiebel oder ½ Gemüsezwiebel
200 g Heidelbeeren
½ Zitrone
Salz, Pfeffer
4 EL Olivenöl
1 kleines Stück Parmesankäse (ca. 50 g)

Zubereitung:

Vom Radicchio die äußeren Blätter entfernen. Radicchio halbieren, den Strunk entfernen und den Radicchio in schmale Streifen schneiden. Rucola waschen und trockenschütteln, nach Wunsch etwas klein schneiden. Zwiebel schälen und in feine Ringe schneiden. Heidelbeeren waschen, abtropfen lassen und verlesen.

Radicchio, Rucola, Zwiebeln und Heidelbeeren in einer Schüssel vermischen. Zitrone auspressen. 2 EL Zitronensaft mit Salz, Pfeffer und Olivenöl verquirlen. Dressing über die Salatzutaten geben und alles gut vermischen. Parmesan mit einem Gemüse- oder Käsehobel in hauchdünnen Streifen darüber hobeln. Dazu passt frisches Baguette oder Bauernbrot.

Heidelbeer-Käse-Salat

Profi Marita, Heidelbeeranbauerin

Sie hat uns zu ihrem Rezept eine Geschichte erzählt: Es ist Hochsommer und die Heidelbeer-Ernte ist auf dem Höhepunkt. Viele Arbeiter und Freunde sind da und helfen mit. Nach einem arbeitsreichen Vormittag sind alle hungrig. Jetzt muss Marita sehen, was die Vorräte noch hergeben. Das Ergebnis ist dieser schnell gemachte, erfrischende Salat. Der Sommertag ging glücklich und satt zur Neige und endete schließlich mit einem fröhlichen Tanz.

Unser Tipp: Damit der Salat auch schön knackig bleibt, die Zutaten erst kurz vor dem Servieren vermengen.

Zubereitungszeit: 15 Minuten

Zutaten:

1 Kopfsalat
500 g Heidelbeeren
500 g Gouda (am Stück)
2 Lauchzwiebeln oder 1 kleine Stange Lauch
250 g Joghurt (1,5 % Fett)
Salz, Pfeffer
1 Prise Zucker
Zitronensaft nach Geschmack

Zubereitung:

Den Kopfsalat waschen und trocknen. Eine Schüssel damit auslegen. Heidelbeeren waschen, abtropfen lassen und verlesen. Käse in Würfel von der Größe der Heidelbeeren schneiden. Lauchzwiebeln oder Lauch putzen, waschen und in feine Ringe schneiden. Joghurt mit Salz, Pfeffer, etwas Zucker und Zitronensaft abschmecken. Käsewürfel, Heidelbeeren und etwa die Hälfte der Lauchzwiebeln mit dem Dressing vermischen. Den Heidelbeer-Käse-Salat auf den Salat geben und anrichten. Mit den restlichen Lauchzwiebeln garnieren und sofort servieren. Dazu schmeckt frisches Baguette.

Risotto mit Heidelbeeren

Echt italienisch!

Fan Gabriele, Übersetzerin

Ein großer Glücksmoment ist es für Gabriele, über die Ziellinie der Cyclassics (ein Radrennen in Hamburg) zu fahren. Ein kleiner Glücksmoment ist es, ein gelungenes Risotto zuzubereiten und zu genießen. Denn die italienische Küche, die liegt Gabriele ganz besonders.

Unser Tipp: Dieses Rezept ist auch mit wenig Küchenpraxis gut zu schaffen und schont den Geldbeutel. Das Edelgericht aus Italien mit dem feinen Geschmack der Heidelbeere eignet sich sowohl als Hauptspeise wie auch als Beilage z.B. zu Fleischgerichten.

Zubereitungszeit: 10 Minuten
Garzeit: 20 Minuten

Zutaten:

1 Schalotte
1 EL Olivenöl
50 g Butter
450 g Risottoreis
½ Glas trockener Weißwein
1,3 l heiße Gemüse- oder Hühnerbrühe
200 g Heidelbeeren
5 EL frisch geriebener Parmesankäse
Salz, Pfeffer

Zubereitung:

Schalotte schälen und fein würfeln. Öl und die Hälfte der Butter in einem breiten Topf erhitzen, Schalotten darin glasig andünsten. Reis zufügen und unter Rühren glasig werden lassen. Wein dazugießen und unter Rühren einkochen lassen. Etwas Brühe dazugießen, bei geringer Hitze unter Rühren einkochen lassen. Nach und nach die restliche heiße Brühe angießen und immer wieder unter Rühren einkochen lassen, bis das Risotto schön cremig und der Reis gar ist, aber noch Biss hat (ca. 15 Minuten).

In der Zwischenzeit die Heidelbeeren waschen, abtropfen lassen und verlesen. Heidelbeeren vorsichtig unter das Risotto heben und weitere 3 Minuten garen.

Risotto vom Herd nehmen, restliche Butter und Parmesan unterheben und das Risotto mit Salz und Pfeffer abschmecken.

Sushi *mit Heidelbeeren*

Fan Mikiko, Studium der japanischen Kultur

Mikiko kommt aus Tokio. Im Zubereiten von Sushi ist sie eine Meisterin. Die Zusammenstellung der Zutaten für dieses Essen ist eine Essenz der traditionellen Esskultur, die in Japan überwiegend auf Fisch, Meeresfrüchten, Algen und Reis basiert. Ganz wichtig sind neben frischen Zutaten die Farben, die so richtig Appetit machen. Die Heidelbeere mit ihrer intensiven Farbe und einem feinen sanften Aroma fügt sich erstaunlich harmonisch ein.

Unser Tipp: Diese Sushi-Rolls müssen nicht umständlich gefüllt und gerollt werden und sind deshalb für jeden einfach zuzubereiten. Die Zutaten sind alle im Supermarkt erhältlich. Perfekt für Sushi-Einsteiger!

Zubereitungszeit: 35 Minuten

Zutaten:

Für den Reis:
125 g Sushi-Reis
2 EL Reisessig
1 TL Zucker
½ TL Salz

Weitere Zutaten:

8 Riesengarnelen (geschält, gekocht)
2-4 TL Wasabi
1 Handvoll Heidelbeeren
100 g eingelegter Ingwer
Sojasauce

Zubereitung:

Reis in ein Sieb geben, gründlich waschen und abtropfen lassen. In einem Topf mit 150 ml Wasser zum Kochen bringen und 2 Minuten kochen lassen. Zudecken und bei geringer Hitze 5 Minuten ausquellen lassen. Herd ausschalten, Deckel vom Topf nehmen und den Reis weitere 10 Minuten quellen lassen.

In der Zwischenzeit Reisessig, Zucker und Salz aufkochen. Gegarten Reis in eine Schüssel geben und etwas auflockern. Essig nach und nach untermischen.

Aus dem Sushi-Reis mit angefeuchteten Händen 8 kleine Portionen abnehmen und zu ovalen Klößchen etwa von der Größe der Garnelen formen.

Garnelen jeweils mit etwas Wasabi (Menge nach Geschmack) bestreichen und eine Portion Reis auf die bestrichene Seite pressen. Mit Heidelbeeren garnieren. Sushi auf einer Platte anrichten, Ingwer und Sojasauce dazu reichen.

Litauische Maultaschen

Profi Sigita, Köchin

Sie formt die Maultaschen wie ihre litauische Großmutter - halbkreisförmig mit gewelltem Rand. Anfänger können den Nudelteig aber auch zu Quadraten schneiden und dann zu Rechtecken oder Dreiecken zusammenklappen. Wem das wellenförmige Verschließen der Ränder zu kompliziert ist, der bestreicht die Ränder vor dem Zusammenklappen mit Eiweiß und presst sie fest zusammen. Aber Übung macht ja bekanntlich den Meister!

Zubereitungszeit: 35 Minuten
Ruhezeit: 20 Minuten

Zutaten:

300 g Mehl
1 Ei
Salz
200 g Heidelbeeren
25 g Zucker
40 g Butter
50 g Schmand
frische Beeren nach Belieben

Zubereitung:

Mehl, Ei, ½ TL Salz und 150 ml lauwarmes Wasser zügig zu einem geschmeidigen Teig verkneten. In eine angewärmte Schüssel geben, mit Klarsichtfolie abdecken und etwa 20 Minuten ruhen lassen.

Heidelbeeren waschen, abtropfen lassen, verlesen und mit Zucker bestreuen. Teig auf einer leicht bemehlten Arbeitsfläche 2-3 mm dick ausrollen. Mit Hilfe eines Glases 10-12 cm große Kreise ausschneiden. Auf jeden Teigkreis etwa 1 TL Heidelbeeren geben und den Teig zusammenklappen. Teig an den Rändern jeweils fest andrücken, dann zwischen den Fingerspitzen Stück für Stück etwas nach oben einschlagen, sodass ein wellenförmiges Muster entsteht.

In einem breiten Topf reichlich gesalzenes Wasser aufkochen, die Maultaschen hineingeben und etwa 5 Minuten garziehen lassen, bis sie an die Oberfläche steigen.

Butter zerlassen, Schmand und 1 Prise Salz unterrühren. Maultaschen mit einem Schaumlöffel aus dem Wasser heben und auf Tellern anrichten, nach Belieben einige frische Beeren darauf verteilen. Schmand-Buttersauce dazu reichen oder die Maultaschen mit zerlassener Butter beträufeln und mit Zimt-Zucker bestreuen.

Crêpes *mit Heidelbeer-Füllung*

Fans vom Kindergarten Falkennest

Bei unserer Kochaktion haben die Kinder begeistert mitgemacht. Die Crêpes wurden gemeinsam mit viel Appetit gegessen.

Unser Tipp: Das Mitbacken der Heidelbeeren auf dem dünnen Crêpesteig funktioniert nicht. Sie kullern immer runter. Die Heidelbeeren schmecken dazu einfach frisch aus der Schale, oder bestreichen Sie die Crêpes mit Heidelbeermarmelade (Rezept in diesem Buch).

Zubereitungszeit: 10 Minuten
Backzeit: 20 Minuten
Ruhezeit: 1 Stunde

Zutaten:

250 g Mehl
500 ml Milch
4 Eier
1 Prise Salz
500 g Heidelbeeren
20 g Butter
6 EL Zucker
1 TL Zimt

Zubereitung:

Mehl, Milch, Eier und Salz zu einem glatten Teig verrühren. Den Teig etwa 1 Stunde ruhen lassen.

In der Zwischenzeit die Heidelbeeren waschen, abtropfen lassen und verlesen.

Crêpesteig nochmals gut durchrühren. In einer beschichteten Pfanne daraus nach und nach 10-12 Crêpes backen. Dafür die Pfanne erhitzen, jeweils etwas Butter hineingeben und ½ bis 1 Schöpfkelle Teig in die Pfanne geben. Teig durch Schwenken der Pfanne gleichmäßig verteilen und von der Unterseite goldbraun backen. Crêpe wenden und von der anderen Seite ebenfalls goldbraun backen.

Zucker und Zimt mischen, die fertigen Crêpes damit bestreuen und die Heidelbeeren darauf verteilen. Crêpes aufrollen und servieren.

Wer eine Crêpespfanne besitzt, kann die Butter weglassen.

Kartoffelknödel *mit Heidelbeerfüllung*

Profi Hermann, Gastronom

Hermann führt das Restaurant »Zum Österreicher« in Hamburg. Kartoffelknödel sind in seiner Heimat Österreich ein Nationalgericht. Je nach Saison werden die leckeren Rundlinge mit Kirschen, Beeren, Marillen oder Zwetschgen gefüllt. Übrigens: In Hermanns Kindheit kochte seine Mutter für 7 Buben mal eben 200 (!) Knödel, damit alle so richtig satt wurden. Diese wurden dann über den Tag verteilt verspeist...

Hermanns Tipp: Bei süßen Früchten keinen Zucker verwenden. Die Heidelbeeren, kombiniert mit etwas frischem Zitronensaft, halten eine perfekte Balance zwischen Süße und Säure.

Zubereitungszeit: 45 Minuten
Garzeit: 10 Minuten

Zutaten:

Für die Knödel:
300 g mehligkochende Kartoffeln
200 g Heidelbeeren
100 g Mehl
50 g Grieß
1 TL Salz
1 Eigelb

Für die Heidelbeersauce:
200 g Heidelbeeren
¼ TL Zimt
1 EL Zitronensaft
1 EL Speisestärke
Außerdem:
100 g Semmelbrösel
2 EL Butter
60 g Puderzucker

Zubereitung:

Für die Knödel die Kartoffeln waschen und mit der Schale in wenig kochendem Wasser etwa 20 Minuten garen.
Inzwischen die Heidelbeeren waschen, abtropfen lassen und verlesen. Kartoffeln abgießen, pellen und noch heiß durch die Kartoffelpresse drücken oder fein zerstampfen. Nach und nach Mehl, Grieß, Salz und Eigelb unterarbeiten.

Den Teig zu einer Rolle formen und in 8 Portionen schneiden. Jede Portion zwischen bemehlten Händen flach drücken. Einige Heidelbeeren in die Mitte geben, den Teig darüber zusammenschlagen und zu Knödeln formen. In einem breiten Topf reichlich gesalzenes Wasser zum Kochen bringen. Knödel hineingeben und bei geringer Hitze etwa 10 Minuten ziehen lassen.

Für die Sauce Heidelbeeren waschen, abtropfen lassen und verlesen. Mit Zimt, Zitronensaft und etwa 100 ml Wasser in einen Topf geben und zum Kochen bringen. Stärke in 3-4 EL kaltem Wasser glatt rühren, zu den Heidelbeeren geben und unter Rühren kurz aufkochen.

In einer kleinen Pfanne die Butter zerlassen, Semmelbrösel dazu geben und unter Rühren goldbraun anrösten. Knödel mit einer Schaumkelle herausheben, abtropfen lassen und in den Butterbröseln wenden. Mit der warmen Heidelbeersauce anrichten und mit Puderzucker bestäuben.

Heidelbeerauflauf mit Vanillesauce

Profi Sonja, Unternehmerin

Auf ihrem großen Hof geht es das ganze Jahr um Beerensträucher verschiedener Art. Nicht nur Heidelbeeren, sondern auch Cranberries werden im großen Stil kultiviert. Pflanzenkäufer aus dem In- und Ausland treffen sich auf der großen Diele, um sich fachlich auszutauschen. Dort werden sie von Sonja mit Gerichten verköstigt, die unterstreichen sollen, wie herrlich Beeren schmecken. Bei der Auswahl ihrer Rezepte ist sie auch offen für ungewöhnliche Rezeptideen, wie ihr Lieblingsrezept aus Schweden zeigt.

Unser Tipp: Wir finden die selbstgemachte Vanillesauce sehr fein. Sie kann aber auch durch eine fertige Vanillesauce ersetzt werden.

Zubereitungszeit: 25 Minuten
Backzeit: 35 Minuten

Zutaten:

Für den Auflauf:
300 g Mehl
750 ml Milch
6 Eier
Salz
400 g Heidelbeeren
2 EL Puderzucker

Für die Vanillesauce:
2 Eigelb
80 g Zucker
1 TL Vanillepuddingpulver
250 ml Milch

Zubereitung:

Für den Auflauf Mehl und Milch verrühren. Eier und 1 Prise Salz unterrühren. Teig in eine gefettete Auflaufform füllen und im vorgeheizten Backofen auf der mittleren Schiene bei 200 °C etwa 20 Minuten backen.

Inzwischen die Heidelbeeren waschen, abtropfen lassen, verlesen und mit Puderzucker mischen. Auf dem Teig verteilen und bei 180 °C weitere 15 Minuten backen.

Für die Vanillesauce Eigelb und Zucker schaumig rühren. Puddingpulver und Milch glatt rühren, zu der Eigelbcreme geben und gut verrühren. Masse in einen Topf geben und unter Rühren kurz aufkochen lassen. Vanillesauce abkühlen lassen, dabei ab und zu umrühren.

Auflauf aus dem Ofen nehmen. Mit einer kleinen Schüssel Kreise aus dem Auflauf ausstechen, auf Tellern anrichten und die Vanillesauce darübergießen. Nach Belieben mit Zitronenschale aromatisierte Schlagsahne dazu servieren.

vegetarisches Curry *Reif für Bollywood!*

Profi Susanne, Obst - und Gemüsehändlerin

In ihrem Fachgeschäft für Obst und Gemüse darf noch nachgefragt werden:
Was kocht man mit Zuckerschoten? Kann ich Zitronengras roh essen? Muss ich Shiitake-Pilze waschen? Auf diese Fragen ihrer Kunden kann Susanne schnell und präzise antworten. Darum kocht und experimentiert Susanne gern und gibt ihre Erfahrungen als Tipps an die Kunden weiter. Für dieses Rezept hat sie aus dem Vollen geschöpft. Frische Kräuter und Gemüse aus dem eigenen Obst- und Gemüse Geschäft, kombiniert mit ihrer Kocherfahrung. Beides ist in diesem vegetarischen Curry gekonnt vereint.

Susannes Tipp: Knoblauch und Ingwer zusammen fein würfeln, so entsteht ein harmonisches Aroma und der Knoblauchgeschmack wird nicht zu dominant. Verwenden Sie immer frische Shiitake-Pilze, die mit einem Tuch oder Messer gereinigt werden.

Zubereitungszeit: 30 Minuten
Garzeit: 15 Minuten

Zutaten:

300 g Basmatireis
Salz
1 gelbe Paprikaschote
1 orange Paprikaschote
3 Lauchzwiebeln
100 g frische Shiitake-Pilze
100 g Zuckerschoten
250 g Mungobohnensprossen
200 g Heidelbeeren
1 Stängel Zitronengras
1 Schalotte
1 kleine Knoblauchzehe
1 Stück Ingwer (2-3 cm)
2 kleine rote Chilischoten
2 EL Öl
1 TL Currypulver
400 ml Kokosmilch
Sanddornhonig oder Mangochutney
1 Bund Thai-Basilikum
3 Stiele Koriander

Zubereitung:

Reis mit der doppelten Menge Wasser und Salz in einen Topf geben, aufkochen lassen, die Herdplatte ausschalten und den Reis zugedeckt etwa 20 Minuten ausquellen lassen. Inzwischen die Paprikaschoten putzen, entkernen, waschen und würfeln. Lauchzwiebeln putzen, waschen und in feine Ringe schneiden. Pilze mit einem Tuch trocken reinigen. Zuckerschoten, Sprossen und Heidelbeeren waschen, abtropfen lassen und verlesen. Zitronengras waschen und der Länge nach aufschlitzen. Schalotte, Knoblauch und Ingwer schälen und fein würfeln. Chilischoten putzen, waschen, entkernen und sehr fein hakken.

Öl in einer großen Pfanne oder im Wok erhitzen. Schalotten, Knoblauch und Ingwer darin andünsten. Shiitake-Pilze und Zuckerschoten zufügen und unter Rühren leicht anbraten. Sprossen, Zitronengras und Paprika dazugeben und auf mittlerer Hitze einige Minuten unter Rühren braten. Den Curry zufügen, kurz mit andünsten, mit Kokosmilch ablöschen und einmal aufkochen lassen. Mit Sanddornhonig und Salz abschmecken. Das Zitronengras herausnehmen. Heidelbeeren zugeben und 1 Minute köcheln lassen.

Kräuter waschen, trockenschütteln und die Blätter abzupfen. Das Curry mit Reis anrichten, mit Kräuterblätter dekorieren und sofort servieren.

Hähnchen-Heidelbeer-Gratin

Profi Ilse, Hauswirtschaftsmeisterin

Ilse hat ihren Traum von einem liebevoll renovierten Café in der alten Mehlkammer verwirklicht. Mitten in der Lüneburger Heide gibt es nun einen freundlichen, geschmackvollen Ort, der Besuchern jederzeit offensteht. Auf der Speisekarte stehen neben klassischen Speisen auch immer wieder selbst kreierte Heidelbeergerichte. Und noch eine Besonderheit: Ilses Team besteht nur aus Frauen.
Unser Tipp: Die Hähnchenbrustfilets lassen sich gut vorbereiten und gekühlt lagern. 20 Minuten bevor sie auf den Tisch kommen in den Ofen schieben.

Zubereitungszeit: 10 Minuten
Garzeit: 20 Minuten

Zutaten:

200 g Heidelbeeren
1 EL Butter
4 Hähnchenbrustfilets
1 EL Öl
Salz, Pfeffer
175 g Doppelrahmfrischkäse
4 EL Sahne
3 EL geriebener Gouda

Zubereitung:

Heidelbeeren waschen, abtropfen lassen und verlesen. Eine ofenfeste Form mit Butter einfetten. Hähnchenbrustfilet waschen und mit Küchenpapier trockentupfen.
Öl in einer Pfanne erhitzen. Hähnchenbrustfilets salzen und pfeffern. Von beiden Seiten jeweils 2-3 Minuten im heißen Öl anbraten und in die Auflaufform legen.
Frischkäse und Sahne verrühren und die Heidelbeeren untermischen. Frischkäsemasse auf den Hähnchenbrustfilets verteilen, mit geriebenem Käse bestreuen. Im vorgeheizten Backofen bei 180 °C etwa 20 Minuten überbacken. Dazu passt gemischter Salat und frisches Weißbrot.

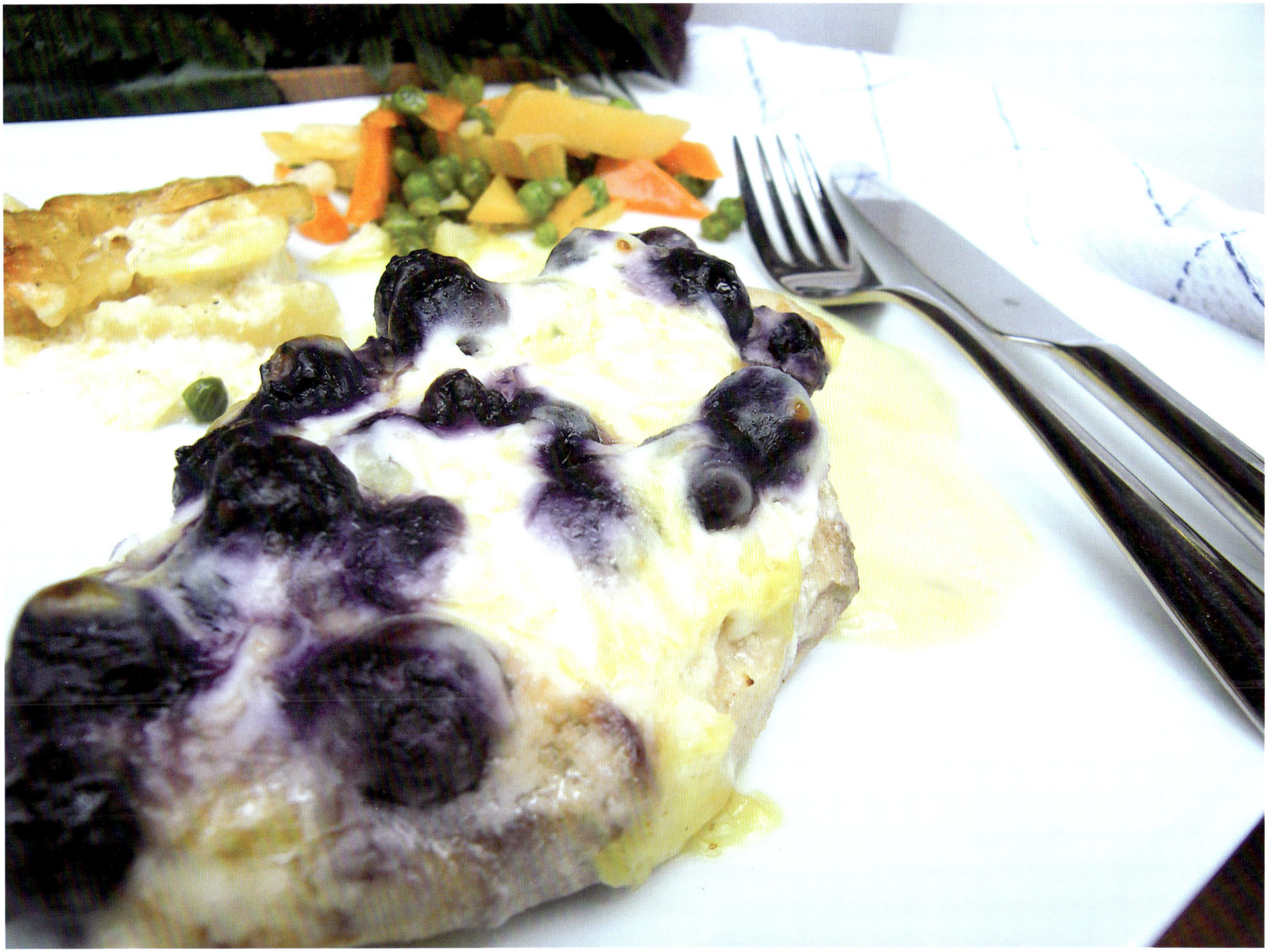

Menu
Hochzeitssuppe
Hähnchenbrus
mit Heidelbeeren u. Käse

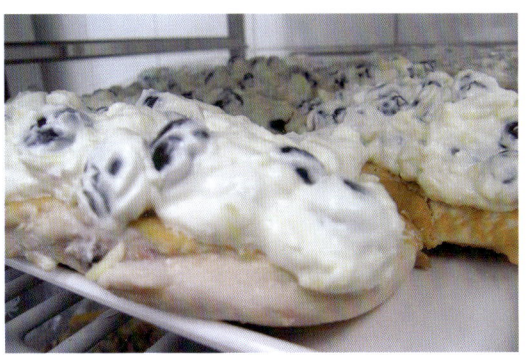

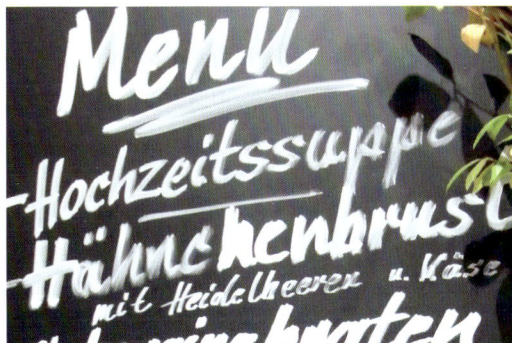

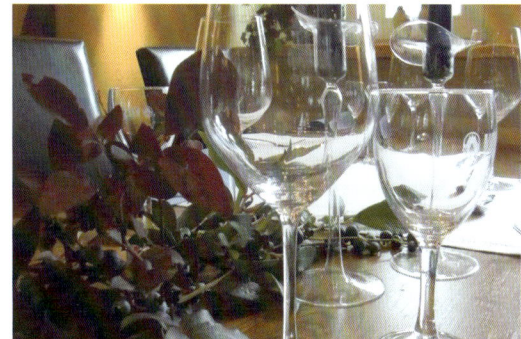

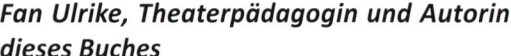

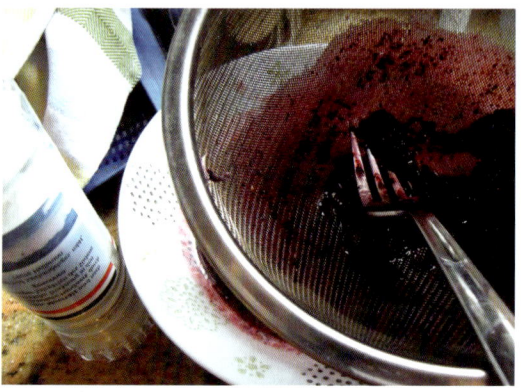

Hirschsteak *mit Heidelbeerkruste*

Fan Ulrike, Theaterpädagogin und Autorin dieses Buches

Als Theaterpädagogin steht sie auf Feste und Feiern. Mit diesem Wildrezept zeigt sie, dass es die Heidelbeere auch auf die edelsten Teller schafft und den Hauptgang eines Festessens krönen kann. Wild mit Preisselbeeren kennt schließlich jeder, aber Wild mit Heidelbeeren ist sensationell!

Ulrikes Tipp: Wer keinen Jäger kennt, kann meist beim Metzger das Hirschfleisch vorbestellen. Es ist zwar etwas teurer, dafür kommt es bestimmt nicht aus einer Massentierhaltung.

Zubereitungszeit: 25 Minuten
Garzeit: 25 Minuten
Ruhezeit: 10 Min

Zutaten:

1 kg Hirschsteak am Stück
1 EL Butter
Salz, Pfeffer
175 ml Rotwein
300 g Heidelbeeren
100 g flüssiger Honig

Zubereitung:

Fleisch in einer Pfanne in der heißen Butter rundherum anbraten. Ringsherum salzen und pfeffern. Den Bratensatz in der Pfanne mit Rotwein ablöschen und etwas einköcheln lassen. Heidelbeeren waschen, abtropfen lassen und verlesen. Mit einem Schneidstab pürieren und durch ein Sieb streichen. Den Honig zufügen und die Heidelbeersauce zum Rotweinfond geben. Mit Salz und Pfeffer abschmecken.

Den Ofen auf 230°C vorheizen. Das Fleisch in 4 dicke Scheiben schneiden. Die Hirschsteaks in eine ofenfeste Form legen, die Heidelbeersauce darauf verteilen und 15 Minuten im Backofen überbacken. Herausnehmen, etwa 10 Minuten ruhen lassen und servieren. Dazu passen mit Rosmarin in Butter gebratene Steinpilze und Spätzle.

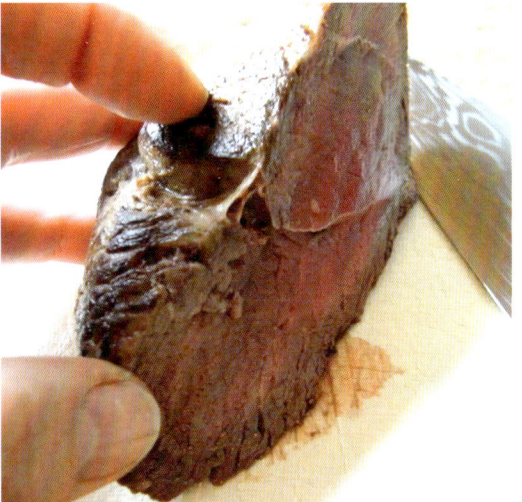

Rehrückenfilet *mit Blaubeersabayon*

Profi Dieter, Hotel-Küchenchef

Dieses Rezept hat Dieter speziell für unser Kochbuch entwickelt. Es ist nicht nur ein Gericht für besondere Anlässe, sondern es lässt sich vorbereiten und ist gut nachzukochen. Es spiegelt den Charakter der kulinarischen Köstlichkeiten wieder, die an diesem verträumten Ort am Südrand der Lüneburger Heide angeboten werden. Zwischen Hamburg und Hannover findet sich hier eine Top-Adresse, um in Ruhe anspruchsvoll zu genießen: Eine erstklassige regionale Küche, Wellness und SPA-Angebote, Ruhe und Entspannung. Das beflügelt nicht nur die Gäste, sondern spornt auch Küche und Personal immer wieder zu Höchstleistungen an.

DietersTipp: Die Sabayon bitte frisch zubereiten und sofort servieren. Als Beilage Gemüse der Saison natürlich aus Ihrer Region verwenden.

Unser Tipp: Der Blätterteig kann eine Kartoffel- oder Nudelbeilage ersetzen.

Zubereitungszeit: 30 Minuten
Garzeit: 15 Minuten

Zutaten:

Für den Rehrücken:
1 kleiner Rehrücken (ca. 1,2 kg)
Salz, Pfeffer
1 EL Pflanzenfett
1 Paket tiefgekühlter Blätterteig
1 Eigelb

Für die Farce:
100 g Heidelbeeren
150 g Putenbrust, 100 ml Sahne
Salz, Pfeffer

Für die Sabayon:
2 Eigelb, 60 ml Heidelbeersaft
Salz, Pfeffer, Zucker

Zubereitung:

Den Rehrücken auslösen, das Fleisch von allen Sehnen befreien und mit Salz und Pfeffer würzen. Rehrückenfilet in einer Pfanne im heißen Pflanzenfett von allen Seiten kurz anbraten.

Für die Farce die Heidelbeeren waschen, abtropfen lassen und verlesen. Das Putenfleisch würfeln und im Blitzhacker fein zerkleinern, nach und nach die Sahne untermixen. Die Farce mit Salz und Pfeffer würzen. Einen Teil der Blaubeeren pürieren, die restlichen Beeren halbieren und beides unter die Farce heben.

Den Blätterteig nach Packungsanweisung antauen lassen. Die Platten zu einem Rechteck nebeneinander legen und die Nahtstellen gut andrücken. Mit einer Teigrolle einmal darüberrollen.

Rehrückenfilet auf den Blätterteig legen, die Farce darum herum verteilen und das Fleisch in den Teig wickeln. Überstehende Seiten einschlagen, gegebenenfalls vorher etwas abschneiden. Die Rolle auf ein mit Backpapier belegtes Backblech legen, mit verquirltem Eigelb bestreichen und im vorgeheizten Backofen bei 175 °C etwa 15 Minuten goldbraun backen.

Kurz vor dem Servieren für die Sabayon die Eigelbe und den Heidelbeersaft in einer Metallschüssel verrühren, mit Salz, Pfeffer und Zucker abschmecken und im heißen Wasserbad zu einer cremigen Sauce aufschlagen. Die Blätterteigrolle in Scheiben schneiden und mit der Sabayon anrichten. Mit Gemüse der Saison, zum Beispiel frischem Spargel, servieren.

Blauer Traum   *Der Klassiker!*

Profi Sylke, Plantagenbesitzerin und Café Managerin

In ihrem Café können die Gäste den Blick auf die Heidelbeerplantage genießen und bekommen Spezialitäten aus ganz frisch geernteten Heidelbeeren serviert. Wer mag, kann die reifen Beeren selbst pflücken. Kinder können auf dem Spielplatz spielen. Mamas, Omas und alle, die Lust auf Einkaufen haben, haben die Möglichkeit im großen Hofladen so richtig shoppen zu gehen. An diesem lebendigen Ort wird schon von Anfang an der »Blaue Traum« angeboten. Dieses Dessert ist der unbestrittene Klassiker unter den Heidelbeerdesserts und wird von Generation zu Generation weitergeben.
Unser Tipp: Für Kinder einfach den Eierlikör durch Karamell- oder Schokosauce ersetzen.

Zubereitungszeit: 10 Minuten

Zutaten:

400 g Heidelbeeren
300 g Sahne
1 TL Zucker
500 ml Vanilleeis
Eierlikör nach Geschmack
4 TL Schokoladenstreusel

Zubereitung:

Heidelbeeren waschen, abtropfen lassen und verlesen. Sahne steif schlagen, dabei den Zucker einrieseln lassen.
Vanilleeis mit einem Eisportionierer auf Portionsschälchen verteilen und etwa drei Viertel der Heidelbeeren darüber geben. Die Schlagsahne darüber geben und den Eierlikör darüber gießen. Mit den restlichen Heidelbeeren und den Schokoladenstreuseln bestreuen. Nach Wunsch mit Eiswaffeln garnieren.
Besonders hübsch sieht es aus, wenn Sie die Schlagsahne in einen Spritzbeutel mit Sterntülle füllen und auf das Dessert spritzen.

Halbgefrorene
Heidelbeer-Ingwer-Sauce *mit Vanilleeis*

Profi Wilhelm, Heidelbeerexperte und Plantagenbesitzer

Während der Saison ist Wilhelm rund um die Uhr mit der Vermarktung der Beeren beschäftigt. Ist die Ernte aber vorbei, kann er in der Küche experimentieren und seine vielen Rezeptideen in Ruhe umsetzen. Es ist also nicht verwunderlich, dass er ein Rezept mit tiefgekühlten Heidelbeeren beigesteuert hat.
Willis Tipp: Der Knuspereffekt ist der Clou bei diesem Rezept! Bitte nur braunen Zucker verwenden, da dieser sich in der eiskalten Sauce nicht auflöst und so die Zuckerkristalle knusprig bleiben. Am besten schmeckt die Sauce ganz frisch zubereitet.

Zubereitungszeit: 15 Minuten

Zutaten:

400 g tiefgekühlte Heidelbeeren
1 ½ Limetten
1 Stück Ingwerwurzel (ca. 30 g)
6 EL brauner Zucker
4 Kugeln Vanilleeis

Zubereitung:

Heidelbeeren etwas antauen lassen. Limetten auspressen. Ingwer schälen und feinhacken. Ingwer und etwa drei Viertel des Limettensaftes zu den halbgefrorenen Beeren geben und alles mit dem Schneidstab pürieren. Heidelbeerpüree mit 4 EL Zucker verrühren und mit restlichem Limettensaft abschmekken.
Vanilleeis auf Dessertteller verteilen und die Heidelbeer-Ingwer-Sauce darübergeben. Mit dem restlichen Zucker bestreuen. Nach Belieben mit Limettenscheiben garnieren.

Heidelbeer-Milchshake

Zubereitungszeit: 10 Minuten

Zutaten:

200 g Heidelbeeren
500 ml Milch
2 EL Zucker
200 g Heidelbeerkompott (aus dem Glas)
200 g Sahne
8 Kugeln Vanilleeis (ca. 500 ml)

Zubereitung:

Heidelbeeren waschen, abtropfen lassen und verlesen. In ein hohes Gefäß geben und mit dem Stabmixer pürieren. Milch, Zucker und Heidelbeerkompott dazugeben und nochmals pürieren.

Sahne steif schlagen. Je 2 Kugeln Eis in ein hohes Glas geben, den Heidelbeershake darübergießen und die Schlagsahne darauf verteilen.

Fan Larissa, Schülerin

Larissa mag gern etwas Süßes trinken, aber Fanta oder Cola ist eben nichts Besonderes. Außerdem ist in solchen Getränken viel Zucker versteckt. Da macht sie lieber selbst einen Milchshake. Denn frische Milch und Beeren sind etwas Gutes und zu einem Shake zusammengemixt herrlich. Vor allem im Sommer erfrischt es richtig und holt die Kühle des Winters zurück.

Unser Tipp: Zum Dekorieren eignen sich auch die gefriergetrockneten Heidelbeeren aus dem Schokoladen-Rezept in diesem Kochbuch. Füllen Sie diese in eine Gewürzmühle und geben eine Prise gemahlene Beeren über die Sahne.

Profi Doris, Hauswirtschaftsmeisterin

Wenn in Doris´ großer Familie gefeiert wird, bringt jeder etwas mit: Butterkuchen, Tiramisu, Geflügelsalat, Wurstplatte, Käseigel… herrlich! Bei so viel Köstlichem fällt es schwer, etwas zu finden, das wirklich heraussticht. Die weiße Schokomousse mit Heidelbeersauce tut es, denn sie ist ganz besonders fein und praktisch. Die Mousse kann am Vortag zubereitet werden, und für die Heidelbeersauce können auch tiefgekühlte Heidelbeeren verwendet werden.

Doris´ Tipp: Ersetzen sie einmal den Amaretto durch Cassis, das unterstreicht den fruchtigen Geschmack der Heidelbeeren.

Unser Tipp: Die weiße Schokolade kann durch dunkle ersetzt werden. Auch diese klassische Variante passt gut zu Heidelbeeren.

Weiße Schokomousse *mit Heidelbeersauce*

Zubereitungszeit: 30 Minuten
Kühlzeit: mindestens 4 Stunden

Zutaten:

Für die Mousse:
200 g weiße Kuvertüre
3 Eier
1 Päckchen Vanillezucker
2 TL Zucker
3 Blatt weiße Gelatine
150 ml Schlagsahne
300 g Heidelbeeren

Für die Sauce:
1 Bio-Orange
4 EL Amaretto
1 TL Speisestärke
100 ml roter Johannisbeersaft

Zubereitung:

Für die Mousse etwas Kuvertüre in feine Späne hobeln und zum Garnieren beiseite legen. Restliche Kuvertüre grob hacken und im heißen Wasserbad schmelzen, dabei ab und zu umrühren. Etwas abkühlen lassen. Eier trennen, Eigelbe mit Vanillezucker, Zucker und 1 EL heißem Wasser in eine Schüssel geben und im heißen Wasserbad aufschlagen, bis sich der Zucker gelöst hat. Gelatine nach Packungsanleitung in kaltem Wasser einweichen, abtropfen lassen und zügig in der warmen Eiermasse auflösen. Kuvertüre unterrühren. Eiweiß und Sahne getrennt steif schlagen und nacheinander unter die Schokomasse heben. Mindestens 4 Stunden im Kühlschrank fest werden lassen.

Für die Sauce die Heidelbeeren waschen, abtropfen lassen und verlesen. Orange heiß abwaschen und trockenreiben. Etwa 2 TL Schale mit einem Zestenreißer in hauchdünnen Streifen abziehen. In einem Topf die Heidelbeeren mit Amaretto und Orangenschale zum Kochen bringen. Stärke mit Saft verrühren, unter Rühren zu den Heidelbeeren geben und einmal aufkochen. Sauce abkühlen lassen. Mousse mit Hilfe von 2 in heißes Wasser getauchten Esslöffeln zu Nocken abstechen und auf Teller verteilen. Mit der Heidelbeersauce anrichten und mit den Kuvertürespänen garnieren.

Mango-Carpaccio *mit Heidelbeeren und Minzpesto*

Fan Lovis, Kindergartenkind

Wie alle kleinen Kinder mag Lovis gern schmecken, fühlen und riechen. Das kann er besonders gut bei der Zubereitung dieses Rezeptes. Er macht seine Sache gut und ist schon heute eine echte Hilfe in der Küche.
Unser Tipp: Das Fruchtcarpaccio gelingt natürlich auch den Großen und krönt als leichtes Dessert jedes festliche Menü.

Zubereitungszeit: 15 Minuten

Zutaten:

Für das Carpaccio:
2 kleine Mangos

Für das Pesto:
1 Bund Minze
1 TL brauner Zucker
100 g Pinienkerne
Schale und Saft von 1 Bio-Zitrone
3 EL Olivenöl
Salz

Außerdem:
125 g Heidelbeeren

Zubereitung:

Zuerst für das Pesto die Minze waschen, trockenschütteln und die Blätter fein hacken. Mit Zucker, Pinienkernen und Zitronenschale im Mörser fein zerdrücken. Abwechselnd Zitronensaft und Olivenöl zugeben, bis eine cremige Konsistenz erreicht ist. Mit etwas Salz abschmecken und nach Geschmack noch etwas Zucker zufügen.
Für das Carpaccio die Mangos schälen. Das Fruchtfleisch mit einem Sparschäler oder einem scharfen Messer in dünne Scheiben schneiden und auf Tellern anrichten. Mit Minzpesto beträufeln. Heidelbeeren waschen, abtropfen lassen, verlesen und darüberstreuen.

Freche Früchtchen

Fan Catharina, Schülerin

Gesunde Ernährung ist ihr Thema. Und in der Küche werkeln, das ist für sie Entspannung zwischen anstrengenden Schultagen. Vielleicht könnte ja aus dem Hobby auch ein Beruf werden, denn Catharina macht zur Zeit ein Praktikum als Diätassistentin in einem Krankenhaus.

Catharinas Tipp: Geraspelte Haselnüsse oder geröstete Sonnenblumenkerne geben dem Obstsalat den richtigen Biss.

Zubereitungszeit: 15 Minuten

Zutaten:

250 g Heidelbeeren
750 g gemischte Früchte der Saison
(zum Beispiel Äpfel, Pfirsiche, Melone)
Zitronensaft nach Geschmack
Zucker oder Vanillezucker nach Geschmack

Zubereitung:

Heidelbeeren waschen, abtropfen lassen und verlesen.
Restliche Früchte je nach Sorte waschen, falls nötig schälen und entkernen. In mundgerechte Stücke schneiden.
Alle Früchte in einer großen Schüssel mischen. Obstsalat mit Zitronensaft und Zucker abschmecken und etwas durchziehen lassen.

Heidelbeercrumble

Fan Maike, Kauffrau und Projektmanagerin

Da Maike oft in die USA reist und die amerikanische Küche kennengelernt hat, steuert sie ihr Lieblingsrezept bei. Es ist sehr schnell zu machen und gelingt immer.

Unser Tipp: Ein Crumble passt gut als Dessert nach einem leichten Essen. Er kann aber auch die Hauptrolle an der Kaffeetafel spielen. Weil der Crumble vor allem mit Heidelbeeren so unkompliziert zu machen ist, verdient er den Namen Blitzrezept und macht es uns einfacher, Überraschungsgäste immer herzlich willkommen zu heißen.

Maikes Tipp: Noch etwas Honig und gehackte Nüsse in den Streuselteig geben!

Zubereitungszeit: 10 Minuten
Backzeit: 30 Minuten

Zutaten:

600 g Heidelbeeren
50 g Mehl
50 g Butter
50 g Rohrzucker
75 g zarte Haferflocken
1 Prise Salz
½ TL Zimt

Zubereitung:

Heidelbeeren waschen, abtropfen lassen, verlesen und in einer ofenfesten Form verteilen. Mehl in eine Schüssel geben. Butter, Rohrzucker, Haferflocken, Salz und Zimt zufügen und die Mischung mit den Händen zu Streuseln verarbeiten.

Streusel gleichmäßig auf den Heidelbeeren verteilen. Im vorgeheizten Backofen bei 180°C etwa 20 Minuten backen. Mit etwas Wasser beträufeln und 10 Minuten weiterbacken. Crumble noch heiß servieren. Dazu passt Vanilleeis und geschlagene Sahne.

Heidelbeeren *mit Karamell*

Zubereitungszeit: 15 Minuten

Zutaten:

150 g Heidelbeeren
200 g Zucker
2 TL Butter

Zubereitung:

Heidelbeeren waschen, abtropfen lassen und verlesen. Beeren auf vier feuerfeste Formen verteilen.

Zucker in einen Topf geben und bei mittlerer Hitze schmelzen und goldbraun werden lassen (karamellisieren). Karamell vom Herd nehmen und die Butter unterrühren.

Das flüssige Karamell sofort über die Heidelbeeren gießen. Die Karamell-Heidelbeeren bei 230°C im vorgeheizten Backofen einige Minuten überbacken. Heidelbeeren noch heiß servieren.

Fan Christine, Sozialpädagogin

Sie ist glücklich aufgewachsen zwischen Hühnerküken, Wippe, Schnittlauchbrot und Apfelmosterei. Auch heute liebt sie es natürlich und weiß gutes Essen zu schätzen.

Unser Tipp: Diese Leckerei sei allen Naschkatzen empfohlen, die es schnell und raffiniert mögen. Sie eignet sich als kleine Zwischenmalzeit nach einer Wanderung wie bei unserer Kochsitzung oder als Dessert.

Heidelbeerquark

Zubereitungszeit: 15 Minuten

Zutaten:

500 g Heidelbeeren
500 g Magerquark
100 g Zucker
200 g Sahne
100 g weiße oder dunkle Schokolade
½ Zitrone

Zubereitung:

Heidelbeeren waschen, abtropfen lassen und verlesen.

Quark in eine Schüssel geben und 70 g Zucker unterrühren. Sahne steif schlagen und unter den Quark heben.

Schokolade raspeln. Zitrone auspressen und die Quarkmasse mit Zitronensaft und dem restlichen Zucker abschmecken. Drei Viertel der Heidelbeeren untermischen und die Quarkspeise mit den restlichen Heidelbeeren und den Schokoladenraspeln bestreuen.

Fans: Torben und Annika, Schüler

Torben und Annika macht die Zubereitung der Quarkspeise sichtliches Vergnügen. Die Kinder lieben natürlich ganz besonders das Naschen dabei. Denn bei diesem Rezept kommt es nicht so sehr darauf an, wie viele der Beeren am Ende in der Schüssel oder in den Schleckermäulchen landen.

Unser Tipp: Lassen Sie Kinder während der Zubereitung ruhig naschen, weil so die »Küchenarbeit« zu einem Erlebnis für alle Sinne wird. Unser Heidelbeerquark ist weder zu fett noch zu süß und zeigt den Kindern wie viel Spaß es bringt Essen selbst zuzubereiten. Übrigens für kleine Gemüsemuffel ist Obst eine gleichwertige Alternative.

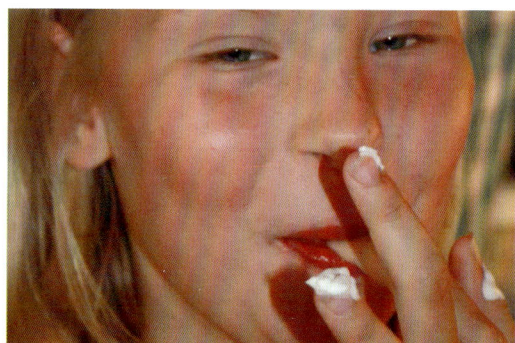

Schwedische Blaubeersuppe

Zubereitungszeit: 5 Minuten
Garzeit: 10 Minuten

Zutaten:

1 kg Heidelbeeren (Blaubeeren)
100 g Zucker
1 EL Speisestärke
Zitronensaft (nach Belieben)

Zubereitung:

Heidelbeeren waschen, abtropfen lassen und verlesen. Beeren mit 250 ml Wasser in einen Topf geben, zum Kochen bringen und etwa 5 Minuten köcheln lassen. Zucker unterrühren. Stärke in wenig kaltem Wasser glatt rühren, zu den Heidelbeeren geben und unter Rühren einmal aufkochen lassen. Die Suppe nach Belieben mit etwas Zitronensaft abschmecken.

Blaubeersuppe warm oder kalt servieren. Nach Wunsch mit flüssiger Sahne oder Mandelmakronen anrichten.

Fan Karin, Krankenpflegerin

Karin hat uns nicht nur die schwedische Originalausgabe von Astrid Lindgren mitgebracht, sondern auch das Rezept für diese köstliche Blaubeersuppe.

Sie ist so lecker, dass man auch heute noch den letzten Tropfen aus der Schüssel schlekken möchte wie einst der größte aller Lausejungen Michel aus Lönneberga.

Unser Tipp: Blaubeersuppe aus einer Suppenschüssel, das hat richtig Stil.

Das ist die Gelegenheit (Ur)Omas alte Suppenschüssel wieder zu benutzen.

Asure
Türkische Fastenspeise

Fan Destegül, Krankenschwester

In ihrer türkischen Heimat wird dieses Gericht zu besonderen Festtagen zubereitet. Eine Speise, die ihren Ursprung zur Zeit Noahs hat. Man erzählt, dass Noah, nachdem die Arche wieder trockenes Land erreichte, ein Festessen gab. Dazu wurden alle essbaren Keime und Früchte, die nach der langen Fahrt noch vorhanden waren, eingesammelt, zubereitet und an alle verteilt. Um dieses Ereignis wieder aufleben zu lassen, geht man in türkischen Dörfern zu allen Nachbarn, um von jedem eine Handvoll Zutaten einzusammeln.
Unser Tipp: Die Entstehungsgeschichte des Gerichts betont die Gemeinsamkeit in der deutschen und türkischen Kultur. Wir finden das Rezept ist nicht für jede Kaffeetafel geeignet, verlockt aber zum Experimentieren. Uns schmeckte es super!

Zubereitungszeit: 30 Minuten
Garzeit: 35 Minuten im Schnellkochtopf,
2 Stunden im herkömmlichen Topf
Einweichzeit: mindestens 4 Stunden

Zutaten:

200 g Weizenkörner
50 g Kichererbsen
100 g Mandeln
50 g Walnusskerne
3-4 getrocknete Aprikosen
3-4 getrocknete Feigen
50 g Sultaninen
100 g Zucker
1 Prise Salz
einige Tropfen Rosenwasser (nach Belieben)
200 g Heidelbeeren

Zubereitung:

Weizen und Kichererbsen in ein Sieb geben und kalt abbrausen. Mindestens 4 Stunden in warmem Wasser oder über Nacht in kaltem Wasser einweichen.

Einweichwasser abgießen, Weizen und Kichererbsen in einen Schnellkochtopf geben und etwa 1 l heißes Wasser dazugießen. Nach Gebrauchsanleitung verschließen, zum Kochen bringen und 30 Minuten garen (oder im herkömmlichen Topf zugedeckt etwa 2 Stunden kochen).

In der Zwischenzeit Mandeln und Walnusskerne mit heißem Wasser übergießen. Kurz ziehen lassen, abgießen und die Häutchen ablösen. Aprikosen und Feigen fein hacken. Sultaninen verlesen.

Gehackte Früchte, Sultaninen, Zucker und Salz zu der gegarten Weizen-Kichererbsen-Mischung geben. Etwa 200 ml Wasser dazu gießen, nach Belieben mit Rosenwasser abschmecken und alles weitere 10-15 Minuten ohne Deckel köcheln lassen. Nüsse unterheben.

Heidelbeeren waschen, abtropfen lassen und verlesen. Asure lauwarm oder kalt in Schälchen oder Gläser füllen und die Heidelbeeren darauf verteilen.

Profi Rebecca, Heidelbeerkönigin

Backstube und Theaterspielen, diese Verbindung ist in Niedersachsen wohl einzigartig. Rebecca ist nicht nur Heidelbeerkönigin sondern tritt auch auf der hauseigenen Bühne auf, wo sie in selbstgeschriebenen Theaterstücken singt und spielt. Eines dieser Stücke handelt sogar von dieser Heidelbeertorte. Ihre Brötchen verdient Rebecca allerdings als gelernte Erzieherin.
Unser Tipp: Garnieren Sie die Torte ruhig einmal mit frischen Heidelbeeren on top, das macht sie noch fruchtiger!

Königinnentorte *mit Mohn-Heidelbeer Füllung*

Zubereitungszeit: 30 Minuten
Backzeit: 60 Minuten

Zutaten für 12 Stücke:

Für den Teig:
5 Eier, 20 g Puderzucker
130 g Zucker
1 Päckchen Vanillezucker
125 g Mehl, 50 g Speisestärke
½ TL Backpulver
1 Prise Salz, 50 g Mohn

Für die Füllung:
90 g gemahlener Mohn
750 g Sahne
3 Päckchen Sahnesteif
2 EL Zucker , 300 g Heidelbeeren
100 g Zartbitter Kuvertüre

Zubereitung:

Eier trennen. Eiweiß steifschlagen. Puderzucker zugeben, Eischnee kurz weiterschlagen und beiseitestellen. Eigelb mit 5 EL heißem Wasser, Zucker und Vanillezucker 3 Minuten schaumig schlagen. Eischnee daraufgeben. Mehl, Speisestärke, Backpulver und Salz mischen, auf die Crememasse sieben und alles unterheben. Mohn unterheben.

Teig in eine mit Backpapier ausgelegte Springform (26 cm) füllen und im vorgeheizten Backofen bei 180 °C 30-40 Minuten backen. Einen Bogen Backpapier mit Zucker bestreuen, den Biskuitboden vorsichtig darauf stürzen. Backpapier auf der Oberseite des Kuchens anfeuchten, vorsichtig abziehen und den Boden etwa 2 Stunden auskühlen lassen. Anschließend zweimal waagerecht durchschneiden, sodass 3 gleich dicke Böden entstehen. Für die Füllung gemahlenen Mohn mit 5 EL heißem Wasser mischen und etwas quellen lassen. Sahne steifschlagen, dabei Sahnesteif und Zucker einrieseln lassen. Mohnmasse unter die Sahne heben.
Heidelbeeren waschen, abtropfen lassen und verlesen. Kuvertüre grob hacken und im heißen Wasserbad schmelzen lassen. Ersten Biskuitboden mit Kuvertüre bestreichen, mit Heidelbeeren bestreuen und ein Drittel der Mohnsahne darauf verteilen. Zweiten Boden darauflegen, ebenfalls mit einem Drittel Mohnsahne bestreichen. Dritten Boden darauflegen und mit der restlichen Mohnsahne bestreichen. Nach Belieben den Rand der Torte mit Mandelblättchen bestreuen, die Torte mit Sahnetupfen garnieren und mit etwas Mohn oder Schokostreuseln bestreuen.

Profi Adolf, Konditormeister und Chocolatier

Sein »Café Andersen« ist eine Institution in Hamburg. Hier lautet das Motto: »Gutes Essen fängt bei guten Zutaten an!« Und das findet sich in allen Produkten wieder, von der Anti-Aging-Praline über saftiges Vollkornbrot bis hin zu feinsten Kuchen und Torten aller Art. Adolf Andersen ist langjähriges Mitglied der »Slowfood«-Bewegung, der natürliche Lebensmittel und Genuss besonders wichtig sind. Die Zubereitung eines guten Essens darf ruhig etwas länger dauern. Die Mühe lohnt sich!

Chocolatier
Conditor

Heidelbeertorte

Zubereitungszeit: 2 Stunden
Backzeit: 50 Minuten
Kühlzeit: 12-15 Stunden

Zutaten für 8 Stücke:

Für den Wiener Boden:
50 g Butter, 100 g Mehl (Type 550)
110 g Weizenstärke, 4 Eier
180 g Zucker, 1 Prise Salz

Für den Buttermürbeteig:
60 g flüssige Butter
3 EL Puderzucker
1 Prise Salz
Mark von ½ Vanilleschote
1 Eigelb, 90 g Mehl (Type 550)

Zum Bestreichen:
50 g Vollmilchkuvertüre

Für die Vanillecreme:
4 TL Weizenstärke, 150 ml Milch
1 Eigelb, 3 EL Sahne
2 EL Zucker
1 Prise Salz, ½ Vanilleschote

Für den Belag:
800 g Heidelbeeren
200 ml Fruchtsaft (z.B. heller Traubensaft)
oder Weißwein
65 g Zucker, 2 EL Agar-Agar-Flocken

Zubereitung:

Für den Wiener Boden eine Springform (24 cm) mit Backpapier auslegen. Butter zerlassen, abkühlen lassen. Mehl und Stärke mischen und sieben. Eier, Zucker und Salz unter Rühren im heißen Wasserbad auf Körpertemperatur bringen, herausnehmen und schaumig schlagen. Mehlmischung unterheben, Butter unterziehen. Masse in die Springform füllen und im vorgeheizten Backofen bei 170 °C etwa 30 Minuten backen. In der Form auskühlen lassen.

Für den Buttermürbeteig alle Zutaten bis auf das Mehl in gekühltem Zustand zu einer glatten Masse verkneten, das Mehl zügig unterarbeiten. Teig in Klarsichtfolie wickeln und einige Stunden kaltstellen (am besten über Nacht, dann lässt er sich besser weiterverarbeiten). Mit dem Rand einer Springform (22 cm) einen Boden ausstechen. Die Springform mit Backpapier auslegen, Boden einlegen und mehrmals mit einer Gabel einstechen. Im vorgeheizten Backofen bei 160 °C etwa 20 Minuten backen. Abkühlen lassen und aus der Form lösen. Vom Wiener Boden einen etwa 1,5 cm dicken Boden abschneiden und auf einen Durchmesser von 22 cm verkleinern (restlichen Wiener Boden anderweitig verwenden oder einfrieren). Mürbeteigboden auf eine Platte oder eine Tortenscheibe legen. Kuvertüre im heißen Wasserbad auflösen, Mürbeteig damit bestreichen und den Wiener Boden darauflegen. Böden in einen Tortenring oder Springformrand (22 cm) einpassen. Für die Vanillecreme Stärke, 2 EL Milch und Eigelb glattrühren. Restliche Milch, Sahne, Zucker, Salz und aufgeschlitzte Vanilleschote zum Kochen bringen. Kurz vor dem Siedepunkt die Vanilleschote herausnehmen, das Mark herausschaben und wieder zur Milch geben. Topf von der Herdplatte nehmen und das Stärkegemisch einrühren. Vanillemilch unter ständigem Rühren wieder erhitzen, bis sie dickcremig ist. Die richtige Konsistenz ist erreicht, wenn beim Pusten auf einen in die Creme getauchten Kochlöffel ein wellenförmiges Muster entsteht (man nennt diesen Vorgang »zur Rose abziehen«). Creme sofort auf den Wiener Boden geben und so verstreichen, dass sie den Ring nicht verschmiert. Für den Belag Heidelbeeren waschen, abtropfen lassen und verlesen. Die Heidelbeeren gleichmäßig auf der Vanillecreme verteilen. Für das Gelee Saft, Zucker und Agar-Agar verrühren. Aufkochen und unter ständigem Rühren bei geringer Hitze 3 Minuten köcheln lassen. Etwas abkühlen lassen und die Torte damit bepinseln.

Eierlikör-Heidelbeer-Torte

Profi Heide, Plantagenbesitzerin

Schon seit den 70er Jahren bauen Heide und ihr Mann Heidelbeeren an. Sie pflegen die Sträucher und ernten im Sommer die Früchte, sorgen für die Pflücker und Pflückerinnen und organisieren den Verkauf. Ein Leben mit und für die Heidelbeere. Es bleibt aber immer noch Zeit für große Feste. Und da sind Rezepte mit geringem Aufwand und großem Effekt ganz besonders gefragt, so wie diese tolle Torte. Denn es gibt ja immer viel zu tun.

Heides Tipp: Wenn Kinder mitessen nur die halbe Seite der Torte mit Eierlikör bestreichen.

Zubereitungszeit: 25 Minuten
Backzeit: 30-40 Minuten

Zutaten:

Für den Teig:
3 Eier
100 g Zucker
200 g gemahlene Mandeln
½ Päckchen Backpulver

Für den Belag:
400 g Heidelbeeren
4 EL Zucker
2 Päckchen Tortenguss
500 g Sahne
Eierlikör nach Geschmack

Zubereitung:

Zuerst für den Belag Heidelbeeren waschen, abtropfen lassen und verlesen. Mit 3 EL Zucker und 2 EL Wasser in einen Topf geben und zum Kochen bringen. Tortenguss mit 2 EL Wasser anrühren, dazugeben und unter Rühren kurz aufkochen lassen. Abkühlen lassen. Für den Teig die Eier trennen, Eiweiß steif schlagen. Eigelb und Zucker schaumig rühren. Mandeln und Eischnee auf die Eigelbmasse geben, Backpulver darüber sieben und alles unterheben. Masse in eine mit Backpapier ausgelegte Springform (26 cm) füllen und im vorgeheizten Backofen bei 175 °C 30-40 Minuten auf mittlerer Schiene backen. Herausnehmen, auskühlen lassen und den Tortenboden aus der Form lösen.

Für den Belag Sahne mit restlichem Zucker steif schlagen. Heidelbeerkompott auf den Tortenboden geben und gleichmäßig verteilen. Sahne daraufgeben und glattstreichen, eventuell ringsherum einen kleinen Rand formen. Eierlikör nach Geschmack darübergießen und verstreichen.

Heidelbeer-Streuselkuchen

Direkt von der Plantage!

Profi Ida, Schülerin, aufgewachsen auf einem Heidelbeerhof

Wenn Ida am Wochenende im Hofcafé ihrer Eltern den Gästen die Spezialität des Hauses serviert, blickt sie nur in glückliche Gesichter. Denn der hausgebackene Streuselkuchen ist ein echter Hit. Wir sind sehr stolz darauf, dass wir das Geheimrezept als Erste veröffentlichen dürfen!

Zubereitungszeit: 15 Minuten
Backzeit: 40 Minuten

Zutaten für 16-20 Stücke:

Für den Rührteig:
250 g Butter
200 g Zucker
1 Päckchen Vanillezucker
4 Eier
500 g Mehl
1 Päckchen Backpulver
1 Prise Salz

Für den Belag:
1 kg Heidelbeeren
½ Zitrone
250 g Butter
250 g Zucker
250 g Mehl
80 g gehackte Haselnüsse

Zubereitung:

Für den Teig Butter, Zucker und Vanillezucker cremig rühren. Eier nacheinander unterrühren. Mehl, Backpulver und Salz mischen, zur Ei-Zuckermasse geben und kurz unterrühren. Ein Backblech einfetten oder mit Backpapier auslegen. Rührteig gleichmäßig auf das Backblech streichen.

Für den Belag die Heidelbeeren waschen, abtropfen lassen, verlesen und auf dem Teig verteilen. Mit etwas Zitronensaft beträufeln. Für die Streusel Butter in kleine Stücke schneiden, mit den restlichen Zutaten in eine Schüssel geben und mit den Händen zu mittelgroßen Streuseln verarbeiten. Gleichmäßig auf die Heidelbeeren streuen.

Heidelbeer-Streuselkuchen im vorgeheizten Backofen auf der mittleren Schiene bei 175 °C etwa 40 Minuten backen. In Stücke schneiden und lauwarm oder kalt servieren. Nach Belieben Schlagsahne und frische Heidelbeeren dazu reichen.

Heidelbeer-Muffins *Das ultimative Rezept*

Fan Valentina, Abiturientin

Sie hat ihre Kindergeburtstage noch nie mit Buttercremetorte oder Frankfurter Kranz gefeiert. Bei ihr gab es Muffins, seit sie sich erinnern kann. Deshalb ist sie eine echte Expertin auf diesem Gebiet. Die Kombination aus süßem Teig und fruchtiger Beere bei den Heidelbeer-Muffins ist einfach unschlagbar. Valentina hat das ultimative Rezept: Es schmeckt nach Harry Potter, Desperate Housewifes und Halloween.

Unser Tipp: Natron ist als Backtriebmittel fast überall bei den Backzutaten erhältlich.

Zubereitungszeit: 15 Minuten
Backzeit: 20-25 Minuten

Zutaten für 12 Stück:

200 g Heidelbeeren
250 g Mehl
2 TL Backpulver
½ TL Natron
1 Ei
80 ml neutrales Öl oder weiche Butter
120 g Zucker
1 Päckchen Vanillezucker
200 g Buttermilch

Zubereitung:

Heidelbeeren waschen, abtropfen lassen und verlesen.

Mehl, Backpulver und Natron in einer Schüssel mischen. In einer anderen Schüssel das Ei verquirlen, Öl oder Butter, Zucker, Vanillezucker und Buttermilch zufügen und gut verrühren. Die Mehlmischung zur Buttermilchmischung geben und nur kurz unterrühren, bis alle Zutaten leicht vermengt sind. Heidelbeeren unterheben.

Die 12 Mulden eines Muffinblechs fetten oder mit Papierbackförmchen auslegen. Den Teig hineinfüllen und im vorgeheizten Backofen bei 180 °C auf der mittleren Schiene 20-25 Min backen, herausnehmen und etwa 5 Minuten abkühlen lassen. Die Heidelbeer-Muffins aus der Form lösen und lauwarm oder kalt servieren.

Vanille-Heidelbeer-Waffeln

Musik liegt in der Luft und Waffelduft...

Fan Olivia, Schülerin

Man nehme: Hungrige Mäuler, Waffelteig, frische Heidelbeeren und Musik.

Aus diesen Zutaten entstand wie zufällig dieses Rezept beim Frühstücksbuffet des Jugendorchesters. Denn Olivia hat schon vor der Probe kreative Ideen.

Unser Tipp: Die Heidelbeeren müssen beim Ausbacken mit Teig bedeckt sein, sonst haften sie am Waffeleisen.

Zubereitungszeit: 15 Minuten
Backzeit: 20 Minuten

Zutaten:

200 g Butter
4 Eier
200 g Zucker
2 Päckchen Vanillezucker
200 g Mehl
400 g Heidelbeeren
Außerdem:
Butter für das Waffeleisen
Puderzucker zum Bestäuben

Zubereitung:

Butter zerlassen, etwas abkühlen lassen. Eier, Zucker, Vanillezucker, Butter und Mehl zu einem glatten Teig verruhren.

Heidelbeeren waschen, abtropfen lassen und verlesen. Die Hälfte der Beeren unter den Teig heben (sehr große Beeren halbieren).

Ein Waffeleisen erhitzen und einfetten. Aus dem Teig darin portionsweise goldgelbe Waffeln backen. Aus der Form lösen und auf ein Kuchengitter geben.

Waffeln lauwarm mit den restlichen Heidelbeeren oder nach Belieben mit Heidelbeermarmelade (Rezept in diesem Buch) servieren. Mit Puderzucker bestäuben.

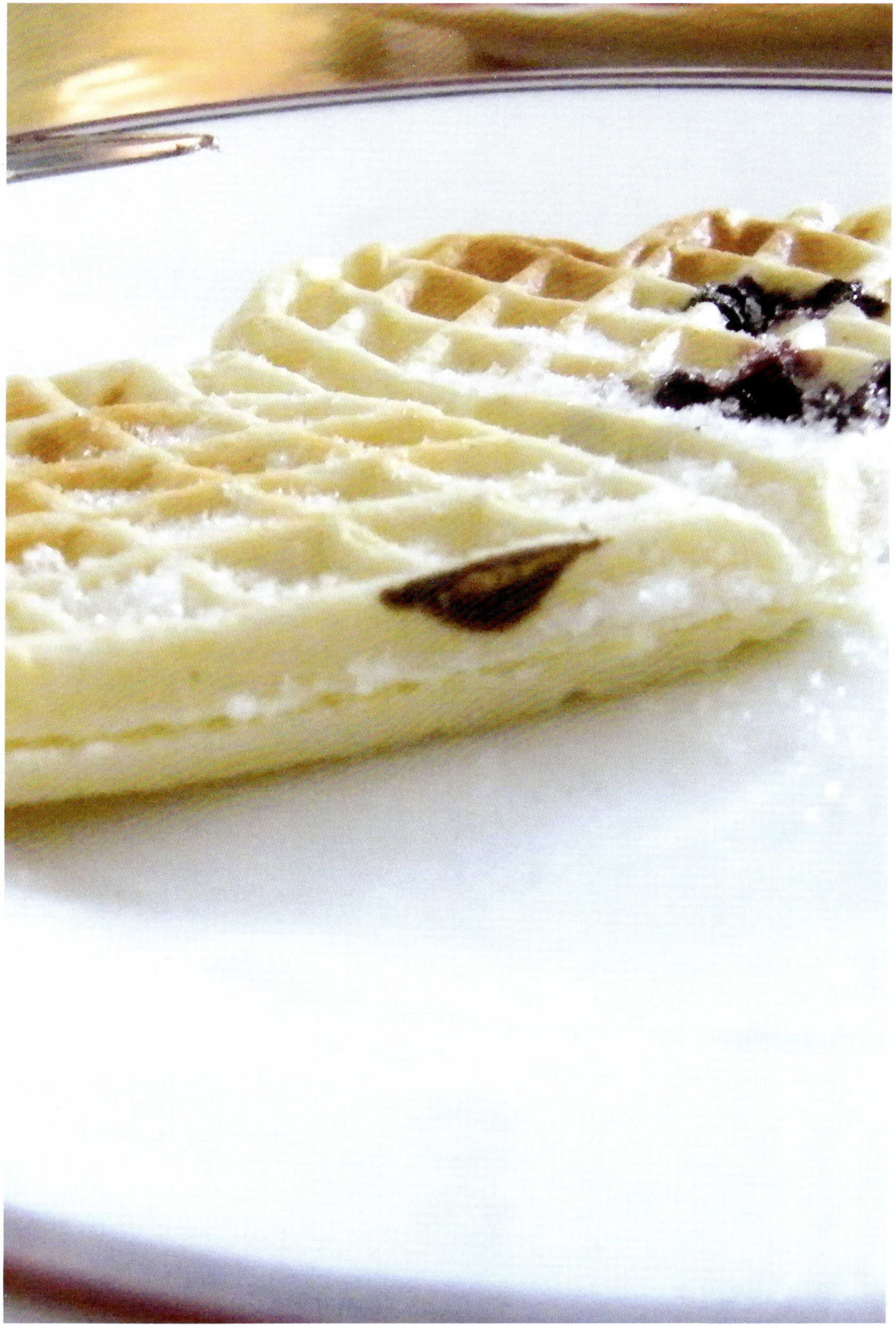

PROBEWOCHENENDE
VOM
YUS
Sylvia
Feli
Hannah

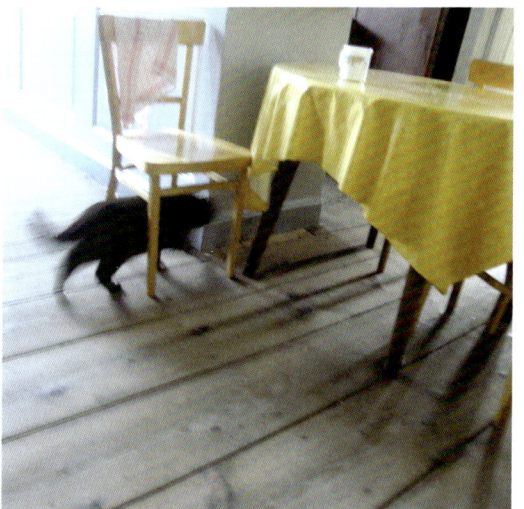

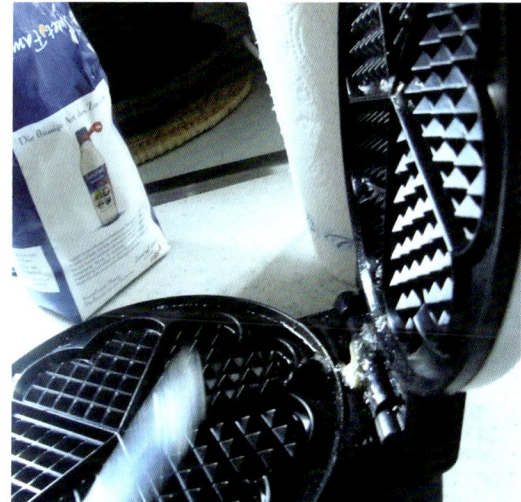

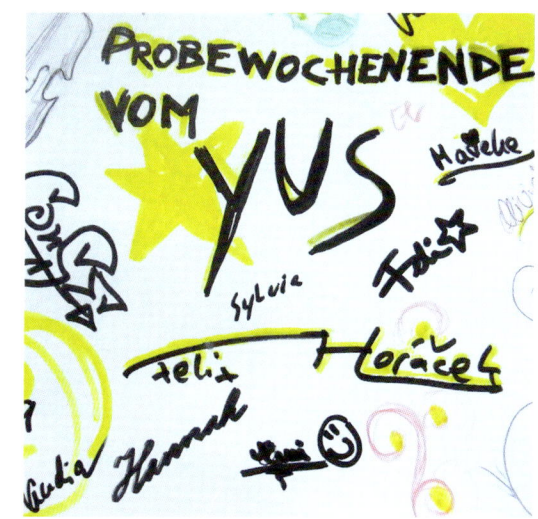

Heidelbeer-Mohn-Strudel

Profi Ewald, Produktentwickler

Der erfahrene Produktentwickler hat es auch diesmal wieder geschafft, große internationale Küche verblüffend einfach auf den Tisch zu bringen. Auch Ihre Gäste werden staunen über die raffinierte Kombination aus Heidelbeeren und Mohn. Wer ein besonderes Geschmackserlebnis sucht, beträufelt den Strudel mit Kürbiskernöl, so liebt man es zum Beispiel in der Steiermark in Österreich.

Tipp: Wenn es schnell gehen soll, verwenden Sie fertigen Blätterteig.

Zubereitungszeit: 30 Minuten
Backzeit: 60 Minuten
Ruhezeit: 30 Minuten

Zutaten für 2 Strudel (8 Personen):

Für den Teig:
250 g Mehl
2 EL Pflanzenöl
1 Ei, Salz

Für die Füllung:
1 Päckchen Vanillepuddingpulver
500 ml Milch
2 EL Zucker, 1 Ei
½ Packung Mohnback
350 g Heidelbeeren
50 g Grieß

Außerdem:
2 Eigelb
50 g flüssige Butter
4 EL Hagelzucker nach Belieben

Zubereitung:

Für den Teig das Mehl mit Öl, Ei, 1 Prise Salz und 4-5 EL Wasser etwa 5 Minuten verkneten, bis der Teig schön geschmeidig ist und glänzt. Eine Schüssel mit heißem Wasser anwärmen und den Teig unter der umgedrehten, noch feuchten Schüssel etwa 30 Minuten ruhen lassen.

In der Zwischenzeit für die Füllung nach Pakkungsanleitung aus Puddingpulver, Milch und Zucker einen Pudding kochen, abkühlen lassen. Ei und Mohnback unterrühren. Heidelbeeren waschen, abtropfen lassen und verlesen. Strudelteig halbieren.

Eine Hälfte wieder unter die Schüssel legen, die andere Hälfte auf bemehlter Arbeitsfläche zu einem möglichst dünnen Rechteck ausrollen. Teig auf ein bemehltes Küchentuch legen und eventuell mit den Händen noch etwas dünner ausziehen. Die Hälfte der Mohnmasse darauf verteilen, die Hälfte der Heidelbeeren darüber streuen und mit der Hälfte Grieß bestreuen. Mit Hilfe des Küchentuchs vorsichtig aufrollen, die Seiten etwas einschlagen.

Mit dem restlichen Teig ebenso verfahren. Die Strudel auf ein mit Backpapier belegtes Backblech geben und mit verquirltem Eigelb und flüssiger Butter bestreichen. Nach Belieben mit Hagelzucker bestreuen. Im vorgeheizten Backofen bei 180 °C etwa 60 Minuten backen. Warm oder kalt servieren. Dazu passt Schlagsahne oder Vanillesauce.

Biskuitrolle *mit Heidelbeeren*

Fan Claudia, Hebamme

Seit Jahren backt sie ihre »Traumrolle« nach diesem Rezept; sie ist ein echter Hingucker und sie gelingt ihr immer. »Ich rieche, wenn der Biskuitteig fertig ist!« sagt Claudia.

Unser Tipp: Wir raten Ihnen, trauen auch Sie ihrer Nase, wenn sich der köstliche Duft von frischgebackenem Biskuit meldet, und genießen Sie bewusst diesen Moment. Denn Sie können zwar überall fertigen Kuchen kaufen, doch nicht die wohlige Atmosphäre des Selbstbackens zu Hause.

Claudias Tipp: Damit sich das heiße Pergamentpapier von der Biskuitplatte leichter löst, kann das Papier mit einem feuchten Tuch abgerieben werden.

Zubereitungszeit: 30 Minuten
Backzeit: 15 Minuten

Zutaten für 10 Stücke:

Für den Biskuitteig:
4 Eier
100 g Zucker
1 Paket Vanillezucker
80 g Dinkelmehl
80 g Speisestärke
1 TL Backpulver

Für die Füllung:
400 g Heidelbeeren
500 g Sahne
2-3 Tropfen Bittermandelöl
60 g Zucker
250 g Magerquark
200 g Heidelbeermarmelade
(Rezept in diesem Buch)
60 g Puderzucker zum Bestäuben

Zubereitung:

Eier trennen. Eigelb mit 4 EL heißem Wasser, Zucker und Vanillezucker etwa 3 Minuten schaumig schlagen. Eiweiß steif schlagen und vorsichtig unter das aufgeschlagene Eigelb heben. Mehl, Speisestärke und Backpulver mischen, auf die Crememasse sieben und unterziehen. Teig auf ein mit Backpapier belegtes Backblech streichen und im vorgeheizten Backofen auf der mittleren Schiene bei 225 °C etwa 15 Minuten backen.

Ein Küchentuch dünn mit Zucker bestreuen, die Biskuitplatte darauf stürzen und das Papier vorsichtig abziehen. Den Biskuit mit dem Küchentuch aufrollen und auskühlen lassen. Für die Füllung Heidelbeeren waschen, abtropfen lassen und verlesen. Sahne mit Bittermandelöl und Zucker steifschlagen. Quark glatt rühren, die Sahne unterheben. Biskuit vorsichtig wieder auseinanderrollen und mit Heidelbeermarmelade bestreichen. Heidelbeeren darauf verteilen und die Quarksahne darübergeben. Gefüllte Biskuitplatte mit Hilfe des Tuchs aufrollen, nach Belieben die Seiten gerade schneiden. Biskuitrolle mit Puderzucker bestäuben. Nach Belieben mit Sahnetupfen, rosa Zuckergranulat und frischen Heidelbeeren garnieren.

Blueberry Pie

Fan Dorothee, Dipl. Kauffrau und Produktmanagerin

Durch ihre Studienzeit in den USA und ihre langjährige Arbeit im Vorstand des »American Women´s Club of Hamburg« weiß sie: Der Blueberry Pie, ein absoluter Klassiker der amerikanischen Küche, schafft es immer wieder, unterschiedliche Kulturen wortwörtlich an einen Tisch zu bringen. Guter Geschmack ist eben international!

Dorothees Tipp: Blueberry Pie schmeckt warm besonders lecker, allerdings ist dann die Fruchtfüllung sehr flüssig. Wer es lieber etwas fester mag, sollte etwas mehr Mehl in die Füllung geben und warten, bis sie erkaltet ist.

Unser Tipp: Wir finden, diesen Kuchen kann man leicht transportieren. Denn ein fester Deckel ist ja schon vorhanden. Er eignet sich deshalb perfekt als Mitbringsel zu einem Kaffeetrinken oder für ein Sommerpicknick.

Zubereitungszeit: 45 Minuten
Backzeit: 30 Minuten

Zutaten für 12 Stücke:

Für den Teig:
300 g Mehl
170 g Butter
1 Prise Salz

Für die Füllung:
500 g Heidelbeeren
(frisch oder tiefgefroren)
75 g Zucker
¼ TL Zimt
1 EL Speisestärke
½ EL Zitronensaft
1 EL Butter

Außerdem:
1 Eigelb zum Bestreichen

Zubereitung:

Für den Teig das Mehl in eine Schüssel geben, Butter in Stückchen und Salz zufügen und mit den Händen zu Krümeln verarbeiten. Nach und nach 5 EL eiskaltes Wasser zugeben und alles zügig zu einem glatten Teig verkneten. Teig zu einer Kugel formen, in Klarsichtfolie wickeln und mindestens 30 Minuten kaltstellen.

Zwei Drittel des Teiges auf bemehlter Arbeitsfläche oder zwischen zwei aufgeschnittenen Gefrierbeuteln zu einer runden Platte (ca. 28 cm) ausrollen. Eine Pieform (24 cm) ausfetten und mit dem Teig auslegen. Für die Füllung die Heidelbeeren waschen, abtropfen lassen und verlesen. Zucker, Zimt und Stärke mischen. Die Hälfte auf den Teig streuen, die Heidelbeeren darauf verteilen und mit der restlichen Zucker-Stärke-Mischung bestreuen. Mit Zitronensaft beträufeln und die Butter in Flöckchen darübergeben.

Restlichen Teig rund (24 cm) ausrollen, die Teigplatte auf die Füllung legen und am Rand fest andrücken. Oberfläche mit einer Gabel mehrmals einstechen und mit verquirltem Eigelb bestreichen. Im vorgeheizten Backofen bei 200 °C etwa 30 Minuten backen. Blueberry Pie lauwarm mit geschlagener Sahne, Eis oder Vanillesauce servieren.

Käsekuchen *mit Heidelbeeren*

Zubereitungszeit: 60 Minuten
Backzeit: 50 Minuten

Zutaten für 12 Stücke:

Für den Boden:
24 Vollkorn-Butterkekse
90 g Butter

Für den Belag:
1 kg Doppelrahmfrischkäse
4 Eier
190 g Zucker
2 Päckchen Vanillezucker
1 kg Heidelbeeren
400 g Schmand
1 Päckchen klarer Tortenguss

Zubereitung:

Für den Boden die Kekse in einen Gefrierbeutel geben, Beutel verschließen und die Kekse mit einer Teigrolle zerbröseln. Butter schmelzen. Keksbrösel und flüssige Butter mischen und in einer mit Backpapier ausgelegten Springform (28 cm) verteilen und etwas andrücken. Im vorgeheizten Backofen auf der mittleren Schiene bei 170°C (Umluft) etwa 10 Minuten backen. Etwas abkühlen lassen.
Für den Belag Frischkäse, Eier, Zucker und Vanillezucker glattrühren. Käsemasse auf dem Keksboden verteilen, glattstreichen und im vorgeheizten Backofen auf der mittleren Schiene bei 160°C (Umluft) etwa 45 Minuten backen. Auskühlen lassen.
Heidelbeeren waschen, abtropfen lassen und verlesen. Einen Tortenring um die Käsetorte legen. Schmand glattrühren und auf der Torte verstreichen. Die Heidelbeeren gleichmäßig darauf verteilen. Tortenguss nach Packungsanleitung anrühren und über die Heidelbeeren gießen. Fest werden lassen. Den Käsekuchen leicht gekühlt servieren.

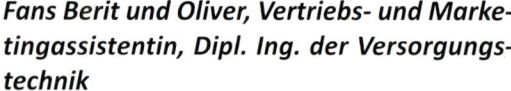

Fans Berit und Oliver, Vertriebs- und Marketingassistentin, Dipl. Ing. der Versorgungstechnik

Schon als Student hat sich Oliver als Beikoch so manche Mark dazu verdient. Auf Segeltörns kocht er für acht Crewmitglieder auf nur zwei Flammen superleckere Seemannsmenüs. Berit kocht gern, so wie ihre ganze Familie. Berits Traum ist es, mit ihrem Bruder Rickmer ein kleines Szenelokal in Hamburg zu führen. Dort möchten sie gute, gesunde, aber feine Speisen und erlesene Weine im Slowfood-Stil anbieten. Dieser Kuchen wäre dort jeden Tag in der Kuchentheke erhältlich.
Unser Tipp: Bei Krümelboden kann nichts schief gehen und der Belag ist schnell gemacht. Die ganze Kombination ist frisch und saftig, gerade im Sommer ein echter Genuss.

Fans Miriam, Clara, Lisa, Katia und Sophie - Schülerinnen

Immer das gleiche Pausenbrot, Franzbrötchen vom Schulkiosk, und in der Schulkantine kann man mal wieder nur Pizza essen. Da kommt Langeweile auf im Speiseplan. Wie gut, dass es für die Mädchen noch ein Leben nach der Schule gibt. Da feiern sie zum Beispiel lustige Partys, auf denen es als Highlight diese Törtchen gibt. An den mitgebackenen Erbsen stören sich diese »Prinzessinnen« natürlich nicht, die sind ja schon entfernt worden.

Unser Tipp: Wer die Törtchen vorbereiten möchte, kann die mit Teig ausgelegten Förmchen einfrieren und noch gefroren in den vorgeheizten Backofen schieben. Das erspart das Blindbacken mit den Erbsen. Falls keine kleinen Förmchen vorhanden sind, kann man 12er-Muffinbleche nehmen. Die Teigmenge muss dann aber um ein Drittel erhöht werden und es werden mehr Heidelbeeren benötigt.

Heidelbeertörtchen mit Zitronencreme

Zubereitungszeit: 30 Minuten
Backzeit: 18 Minuten
Kühlzeit: 1 Stunde

Zutaten für 8 Tartelette-Formen:

Für den Teig:
140 g Mehl
1 Prise Salz
1 Päckchen Vanillezucker
40 g kalte Butter (in Stückchen)

Für die Creme:
1 große Zitrone (unbehandelt)
2 Eier
20 g weiche Butter
80 g Puderzucker
100 g Sahne
Für den Belag:
200 g Heidelbeeren

Außerdem:
getrocknete Hülsenfrüchte zum Blindbacken

Zubereitung:

Für den Teig alle Teigzutaten und 1 EL kaltes Wasser mischen und zu einem glatten Teig verkneten. In Klarsichtfolie wickeln und 1 Stunde im Kühlschrank ruhen lassen.

In der Zwischenzeit für die Creme die unbehandelte Zitrone heiß waschen, trockenreiben und die Schale fein abreiben. Zitrone auspressen. Eine Schüssel mit kaltem Wasser und Eiswürfeln bereitstellen. Eier, Butter, Puderzucker, Zitronenschale und -saft in einen Topf geben.

Die Masse unter ständigem Rühren erhitzen (nicht kochen!), bis sie dicklich wird. Den Topf ins Eiswasser stellen und weiterrühren, bis die Zitronencreme kalt ist. Sahne steifschlagen und unterheben.

Teig in 8 Portionen schneiden. 8 Tartelett-Formen einfetten und jeweils eine Portion Teig hineindrücken.

Mehrmals mit einer Gabel einstechen. Jeweils ein Stück Backpapier auf den Teig legen und eine Lage getrocknete Hülsenfrüchte darauf streuen. Auf der mittleren Schiene im vorgeheizten Backofen bei 200 °C etwa 15 Minuten backen (blindbacken). Herausnehmen, Hülsenfrüchte samt Papier entfernen und die Törtchen in der Form etwa 10 Minuten abkühlen lassen.

Heidelbeeren waschen, abtropfen lassen und verlesen. Die Törtchen vorsichtig aus der Form lösen, mit Zitronencreme füllen und die Beeren darauf verteilen. Nach Wunsch mit Puderzucker bestäuben.

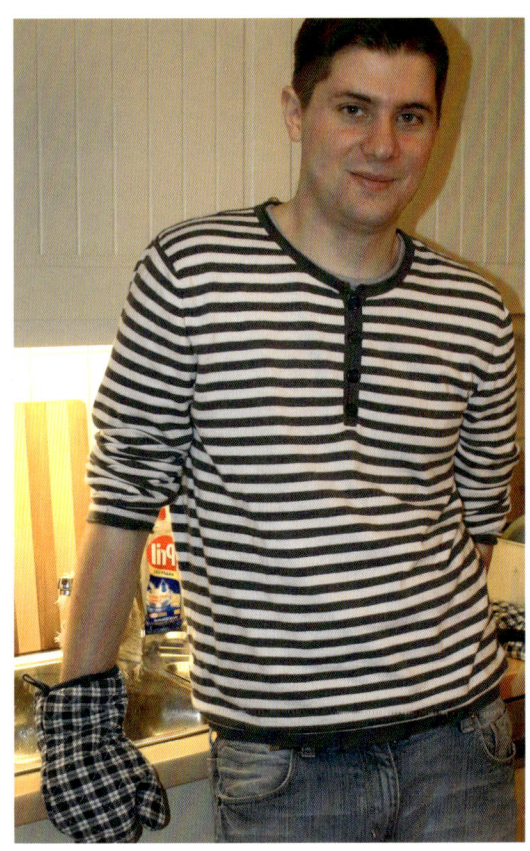

Zwiebelkuchen mit Speck und Heidelbeeren

Fan Felix, Dipl. Ingenieur für Verfahrenstechnik

Der frischgebackene Ingenieur liebt Radsport, Dan Brown, Kino und Theater. Doch auch das Kochen für seine Freundin gehört zu seinen liebsten Beschäftigungen. Und natürlich kommen auch die Freunde in Berlin, Leipzig, Dresden und Finnland in den Genuss seines Kochtalents. Ein großer Spaß der alle Beteiligten verbindet.

Unser Tipp: Dieser ungewöhnliche Zwiebelkuchen passt hervorragend zu neuem Wein und bringt Abwechslung auf den Tisch für alle die offen für Ungewöhnliches sind.

Zubereitungszeit: 45 Minuten
Backzeit: 35 Minuten

Zutaten für 1 Backblech:

Für den Teig:
400 g Mehl
1 Würfel frische Hefe (42 g)
250 ml lauwarme Milch
100 g weiche Butter
1 Ei
1 TL Salz

Für den Belag:
10 mittelgroße Zwiebeln
4 EL Öl
250 g durchwachsener Speck
250 g Heidelbeeren
2 Eier
2 EL Mehl
150 g saure Sahne
Salz
Pfeffer

Zubereitung:

Für den Hefeteig das Mehl in eine Schüssel geben und eine Mulde hineindrücken. Hefe in die Mulde bröckeln und mit etwas Milch verrühren. Etwa 10 Minuten zugedeckt gehen lassen. Restliche Milch, Butter, Ei und Salz zufügen. Zuerst mit den Knethaken des Handrührgerätes, dann mit der Hand zu einem glatten, elastischen und glänzenden Teig verkneten. Zugedeckt an einem warmen Ort etwa 30 Minuten gehen lassen, bis er sein Volumen verdoppelt hat.

Inzwischen für den Belag die Zwiebeln schälen und in dünne Ringe schneiden. In einer großen Pfanne das Öl erhitzen und die Zwiebeln darin 5-10 Minuten anbraten, dabei ab und zu umrühren. Herausnehmen und etwas abkühlen lassen.

Speck in kleine Würfel schneiden und in einer Pfanne ohne Fett einige Minuten ausbraten. Auf Küchenpapier abtropfen lassen. Heidelbeeren waschen, abtropfen lassen und verlesen.

Eier, Mehl, saure Sahne, Salz und Pfeffer verquirlen. Zwiebeln und Heidelbeeren untermischen. Hefeteig kurz durchkneten, auf bemehlter Arbeitsfläche in Backblechgröße ausrollen und ein mit Backpapier belegtes Backblech damit auslegen. Zwiebel-Heidelbeermasse auf dem Teig verteilen, mit Speckwürfeln bestreuen. Zwiebelkuchen im vorgeheizten Backofen bei 200 °C etwa 35 Minuten backen.

Likör und Essig *aus Heidelbeeren*

Fan Ingrid, Rentnerin

Sie backt und kocht ihr Leben lang für sich und die Familie. Im Ruhestand findet sie die Zeit ihre Rezepte zu perfektionieren. Das schätzen mittlerweile auch ihre Tochter und Schwiegertochter und sind verrückt nach ihren Rezepturen, die so gut nachzukochen sind.

Ingrids Tipp: Likör und Essig werden nur so gut wie die Zutaten. Achten Sie beim Einkauf auf gute Qualität.

Unser Tipp: Heidelbeerlikör mit Sekt aufgegossen ist bei feierlichen Anlässen ein stilvoller Farbtupfer.

Zubereitungszeit: Heidelbeer-Likör
5 Minuten
Ruhezeit: 2-3 Monate

Zutaten:

200 g Heidelbeeren
150 g weißer oder brauner Kandiszucker
1 Gläschen Rum (20 ml)
700 ml Korn

Zubereitungszeit: Heidelbeer-Essig
10 Minuten
Ruhezeit: 4 Wochen

Zutaten:

300 g Heidelbeeren
750 ml Weißweinessig

Zubereitung: Heidelbeer-Likör

Heidelbeeren waschen, abtropfen lassen und verlesen. Beeren, Kandis und Rum in eine ausreichend große Flasche geben und den Korn dazugießen.

Flasche gut verschließen und etwa 2 Monate an einem kühlen, dunklen Ort ziehen lassen. Dann die Flüssigkeit durch ein mit einem Küchentuch ausgelegtes Sieb gießen, den Likör in eine saubere Flasche füllen, verschließen und weitere 2 Wochen ruhen lassen.

Zubereitung: Heidelbeer-Essig

Heidelbeeren waschen, abtropfen lassen und verlesen. Einen Teil der Beeren mit der Gabel zerdrücken. Beeren in eine ausreichend große Flasche füllen und den Weißweinessig aufgießen. Flasche verschließen und an einem kühlen, dunklen Ort 4 Wochen ziehen lassen. Dann die Flüssigkeit durch ein mit einem Küchentuch ausgelegtes Sieb gießen, den Essig in eine saubere Flasche füllen und verschließen. Der Heidelbeer-Essig passt zu frischen Blattsalaten, fruchtigen Marinaden und ist eine feine Würze für Rotkohl.

Heidelbeermarmelade

Profi Lisa, Ernährungspädagogin

Gesundes Essen ist für die Ernährungspäd-agogin eine Herzensangelegenheit. Deshalb setzt sie bei ihren Marmeladen auf Agar-Agar, einen natürlichen Gelierstoff, der aus Algen gewonnen wird. Durch seine hohe Quellfä-higkeit benötigt man nur die Hälfte an nor-malem Haushaltszucker. Das bedeutet mehr fruchtigen Marmeladengeschmack, aber die Hälfte weniger Kalorien als bei herkömmli-cher Herstellung. Agar-Agar ist in Bioläden und Reformhäusern erhältlich.

Lisas Tipp: Wer die Deckel nicht auskochen will, kann sie zum Desinfizieren mit Schnaps ausschwenken.

Zubereitungszeit: 20 Minuten
Ruhezeit: mehrere Stunden

Zutaten für
ca. 3 Gläser à ¼ l Inhalt:

1 kg Heidelbeeren
500 g Zucker
2 TL Agar-Agar
1-2 TL Zitronensaft

Zubereitung:

Heidelbeeren und Zucker verrühren, abge-deckt mehrere Stunden oder über Nacht durchziehen lassen. Beerenmasse mit einem Stabmixer pürieren.

Etwa 3 EL vom Beerenpüree in ein Schälchen geben und mit dem Agar-Agar glattrühren. Restliches Püree unter Rühren in einem gro-ßen Topf erhitzen, das Agar-Agar-Gemisch und den Zitronensaft unterrühren. Unter Rühren etwa 3 Minuten kochen lassen. Den entstehenden Schaum auf der Oberfläche mit einem Schaumlöffel entfernen.

Die heiße Fruchtmasse randvoll in vorberei-tete Gläser mit Schraubdeckel füllen und so-fort verschließen. Gläser umdrehen und etwa 5 Minuten auf den Deckel stellen. Wieder umdrehen und abkühlen lassen.

Schokolade *mit Heidelbeeren*

Profi Sabine, Lebensmitteltechnikerin Fachbereich Konfekt

Eine Schokoladenfabrik zu eröffnen ist ein alter Kindheitstraum von Sabine. Sie hat ihn wahrgemacht. Heute stellt sie in Eckernförde zart schmelzende Schoko-Köstlichkeiten her und lässt damit so manches Naschkatzen-Herz höher schlagen. Da ist es auch nicht verwunderlich, dass sich die Zaungäste ihrer »gläsernen Produktion« an den Scheiben die Nasen plattdrücken. Zu ihren neuesten Kreationen gehört diese Heidelbeerschokolade.

Sabines Tipp: Die Schokolade kann auch im Backofen bei 45 °C geschmolzen werden.

Unser Tipp: Die gefriergetrockneten Heidelbeeren bekommen Sie in Reformmärkten oder unter www.tali.de. Speisenthermometer erhalten Sie im Fachhandel. Die übriggebliebenen Heidelbeeren können Sie in eine Gewürzmühle füllen und mit Gewürzen, Kräutern und Aromen mischen. Probieren Sie verschiedene Varianten.

Zubereitungszeit: 45 Minuten

Zutaten:

200 g Schokolade oder Kuvertüre (Kakaoanteil mind. 36 %)
2 g Heidelbeeren gefriergetrocknet

Zubereitung:

Schokolade grob hacken, in eine Schüssel geben, im warmen Wasserbad schmelzen und auf maximal 45 °C erhitzen (Temperatur eventuell mit einem Speisenthermometer kontrollieren). Unter Rühren etwas abkühlen lassen, erneut kurz erwärmen und sofort weiterverarbeiten. Flüssige Schokolade in eine Form (zum Beispiel eine Brotdose) oder auf eine vorbereitete Fläche (Silikon-Backmatte, Backpapier) gießen. Die getrockneten Heidelbeeren gleichmäßig darauf streuen. Schokolade abkühlen und fest werden lassen. Schokolade aus der Form oder von der Arbeitsfläche lösen und nach Belieben in Stücke brechen.

Schöne Aussichten

Wir begannen mit der Suche nach Köstlichkeiten rund um die Heidelbeere. Am Ende dürfen wir dieses Buch vorstellen. Unsere Suche war erfolgreich und brachte bemerkenswerte Rezepte zutage, die die Vielfalt der Heidelbeere in ihrer ganzen Bandbreite zeigen. Die Rezepte sind seit Generationen bewährt, oder neu kreiert. Von Koch-Profis und von Koch-Fans weitergegeben, für alle, die gern kochen und backen.

Ob süß oder deftig, Sie werden in unserem Heidelbeer-Rezeptbuch bestimmt das Richtige finden.

Und wir halten weiter Ausschau nach neuen Rezept-Ideen.

Für dieses Buch schlemmten und arbeiteten Ulrike Krogmann und Elke Gäth.

Danke

Allen Köchinnen und Köchen, die sich Zeit genommen haben für uns diese köstlichen Speisen zuzubereiten.

Marianne Zunner, Foodjournalistin, die unsere Rezepte in Form gebracht hat und das Buchprojekt engagiert begleitet hat.

Lisa Ebinger, Ernährungspädagogin, für ihr geballtes Wissen.

Unseren Familien, die uns wunderbar unterstützt haben und stets kritische Verkoster der Heidelbeerspeisen waren.

Clara, für das gut dressierte Degu.

Herrn Blum für die roten Tiger auf unserem Desktop.

Wilhelm Krogmann, der diese Arbeit möglich machte und förderte.

Rezeptregister

Eigene Notizen / Rezepte